Cees Nooteboom
Simone Sassen

Kozan-ji und die Zeichnungen der „Lustigen Tiere“

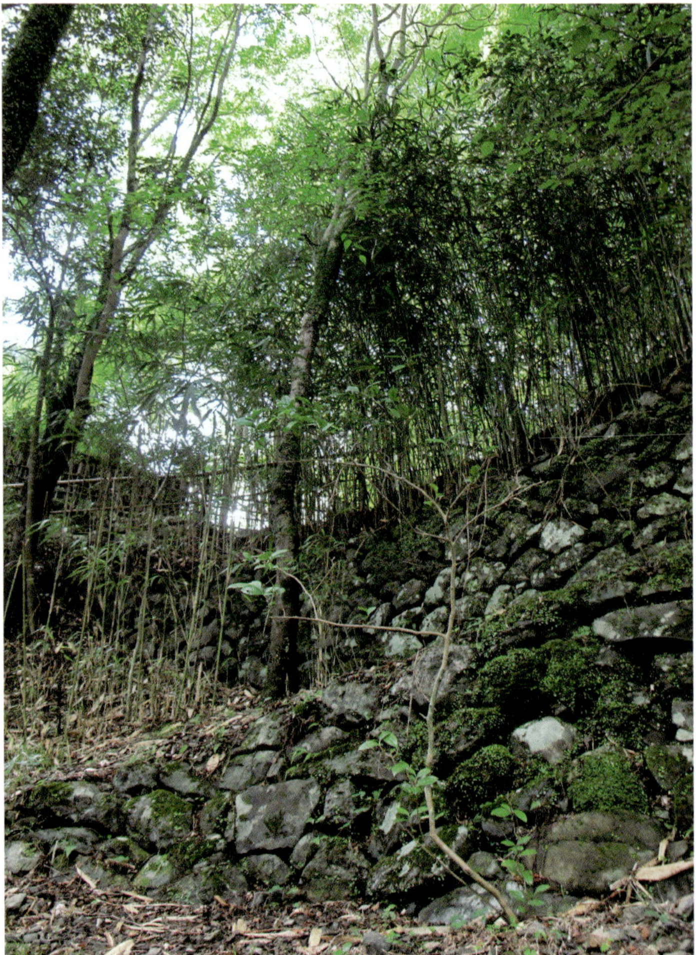

Cees Nooteboom

Über das japanische Kloster Kozan-ji und die Zeichnungen der „Lustigen Tiere“

Mit 16 Farbphotographien aus der Umgebung des buddhistischen Tempels von Simone Sassen und der kompletten ersten Bildrolle der Tierzeichnungen

Aus dem Niederländischen von Helga van Beuningen

Schirmer/Mosel Literatur

Text Cees Nooteboom
Photographien Simone Sassen

2005, DEZEMBER. Ein früher Morgen in Kyōto. Wir stehen an der Bushaltestelle, als wäre das nichts, zwei Fremde, die mit Bus Nr. 8 fahren wollen, das ist alles. Es sitzen nur wenige Leute drin, ein Mensch mit einer Zeitung, die anderen schauen hinaus oder auf ihr Handy. Dies ist ein ganz gewöhnlicher Morgen, sie fahren zur Arbeit. Ich habe mein Geld hingelegt, ein Häufchen Münzen, die man kurz hört, wenn sie die Metallschale berühren. Der Betrag stimmt wohl, wir fahren los. Der Bus macht das Geräusch aller Busse. Niemand spricht und niemand sieht uns an, in Japan ist man oft unsichtbar. An jeder Haltestelle ertönen ein paar Worte in einer Mädchenstimme, sehr hoch, fast ein kleines Lied. Dann weichen die Häuser links und rechts der Straße weiter zurück, wir lassen die Stadt hinter uns, fahren jetzt auf einer schmaleren Straße. Es ist wenig Verkehr. Manchmal steigt jemand aus und verschwindet in der Landschaft. Bäume, hoch und schwer, in der

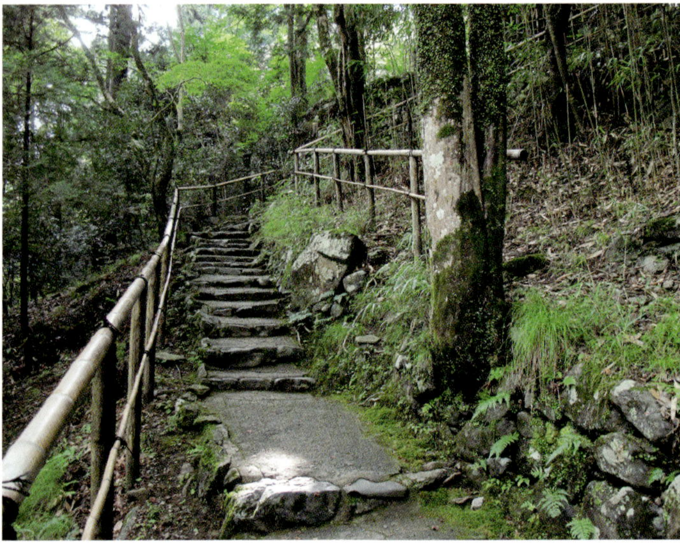

Ferne Berge. Bei jeder Haltestelle schaue ich zum Fahrer. Ich habe ihm gesagt, wo wir aussteigen wollen, aber noch kommt kein Zeichen. Trotz des Geräuschs, das der Bus macht, spüre ich, wie still es draußen ist. Niemand kommt uns entgegen. Dann gibt der Fahrer mir ein Zeichen und deutet in die Ferne. Ich sehe nichts, aber wir wenden uns in die Richtung, in die er gezeigt hat. Das Geräusch des Busses verklingt.

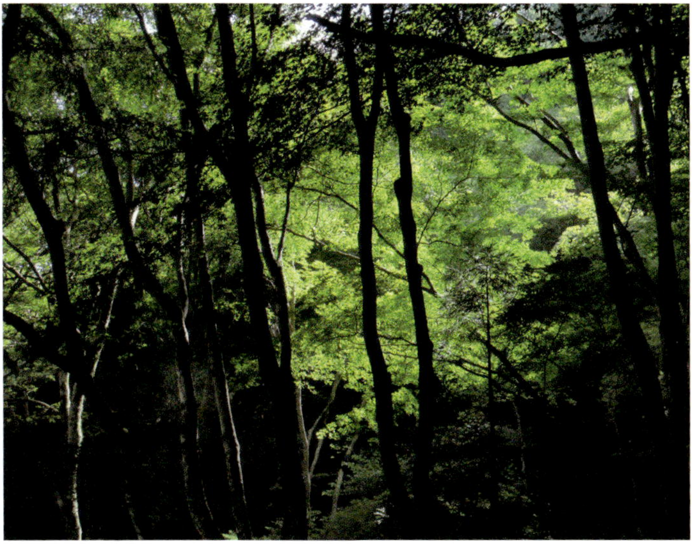

Es ist kalt, der Atem macht weiße Wölkchen. Keine Vogellaute. Ich sehe einen Weg, der in die Hügel hineinführt, Baumwurzeln, die fast wie Stufen aussehen. Dichte Wälder, einmal plötzlich ein blühender Strauch. Wir hören unsere eigenen Schritte. Hinter uns liegt eine lange Reise durch den Norden, eine ausgedehnte Pilgerwanderung namens Saigoku zu dreiunddreißig Tempeln, manchmal hoch in den Bergen gelegen. Der Tempel, den wir jetzt besuchen wollen, gehört nicht dazu, ein Freund, der Japan gut kennt, hat ihn uns anempfohlen. Kōzan-ji. Ganz intim, hat er noch gesagt, nach all den großen Tempeln lockte mich das. Während der großen Pilgertour war ich eines frühen Morgens von einem hohen Felsen gestürzt und hatte mir ein Loch im Kopf zugezogen, das später von einem Arzt in Kyōto versorgt wurde. Ein paar Tage Großstadt, wieder kurz an die Menschheit gewöhnen mit einem verletzten Kopf, an dem jeder in diesem Land vorbeischaut. Am Ende unseres Pilgerwegs hatten wir in einem Kloster im hochgelegenen Kōya-san geschlafen, in der Nacht vor meinem Sturz waren wir in eisiger Kälte um sechs Uhr aufgestanden und zum Tempel des Klosters gegangen. Morgennebel, die Welt noch unsichtbar. Fünf Klosterbewohner, vier Männer, eine Frau. Der tiefe, hallende Klang ihrer Stimmen, Worte, die für mich nichts bedeuten, aber doch zu mir durchdringen, von

Zeit zu Zeit ein Schlag auf Holz oder das eiserne Schrappen und Scheppern von Instrumenten, die wir nicht kennen, dann eine deutliche Geste, dass wir mitkommen sollen, und so werden wir zu einer siebenköpfigen Prozession. Verneigungen, Finger, die uns bedeuten, von einer Schale ein paar Körner zu nehmen, weihrauchartig, wir streuen sie auf eine große Schale, wie die Mönche und die Frau es machen, ich spüre, wie der tiefe Klang mich zum Mitbrummen auffordert, aber das traue ich mich nicht recht, summe nur leise und wahrscheinlich unhörbar ein bisschen mit, um dazugehören zu dürfen; alles wirkt sehr alt, wir fallen zurück in der Zeit, ich sehe das Gold und die Bronze ringsum, die Bilder um mich herum kann ich nicht deuten, aber das macht nichts, mit dem Höheren habe ich keinerlei Schwierigkeit, ein anderer Teil meiner selbst wird hier angesprochen, als wäre es jeden Tag so, ich werde wohl tausend Jahre alt und muss plötzlich an Heidegger denken, der, als er von jemandem in

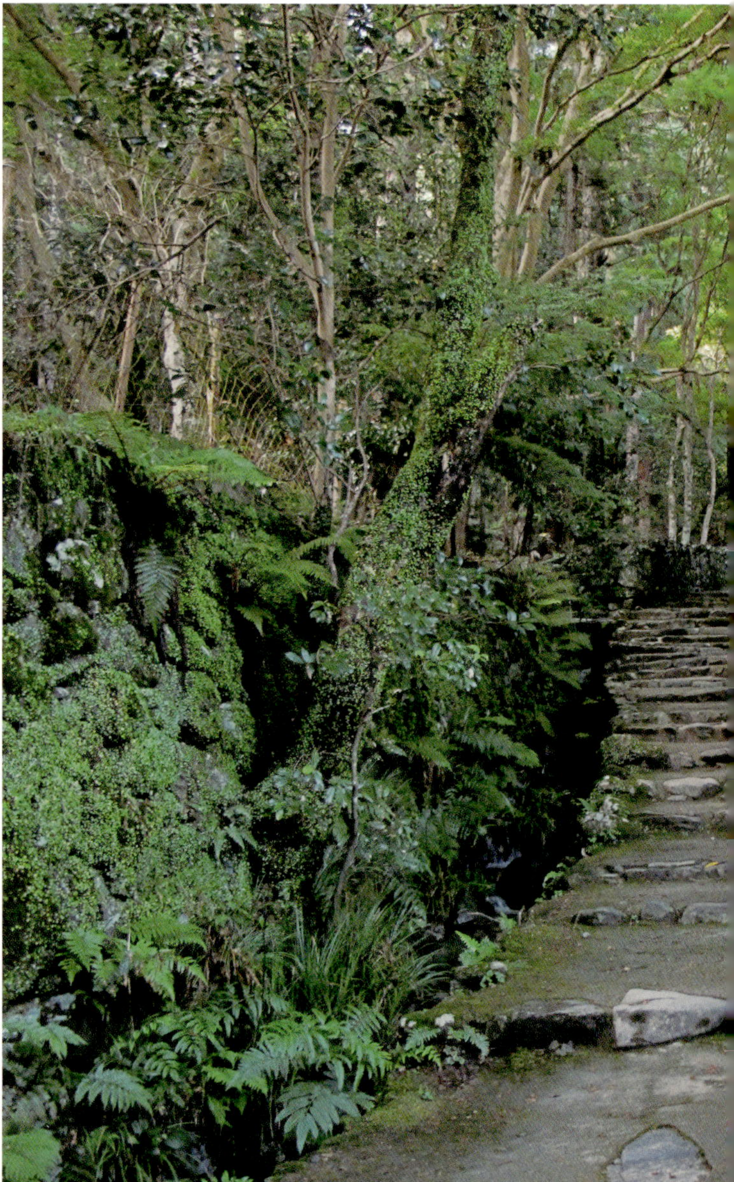

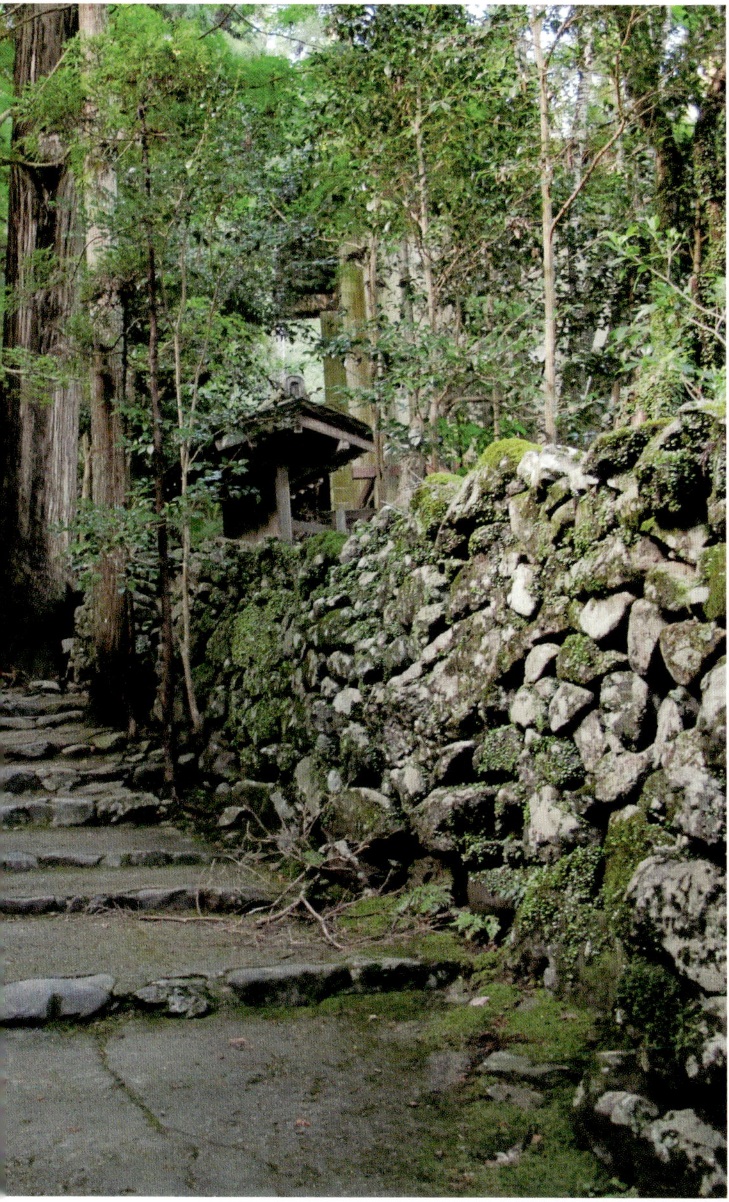

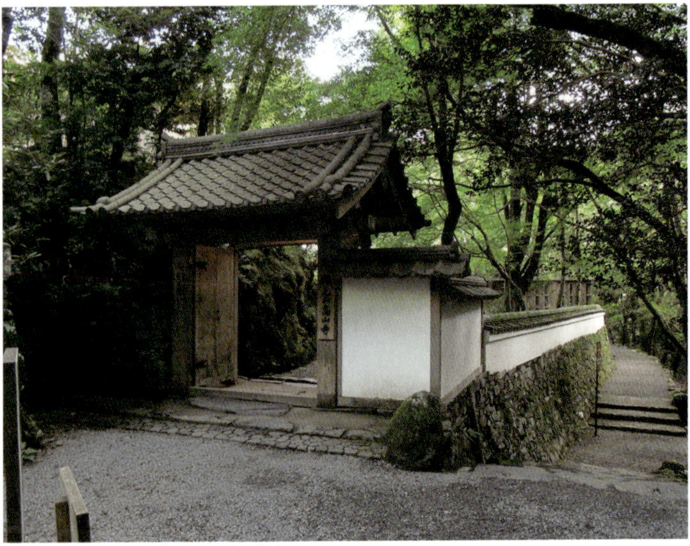

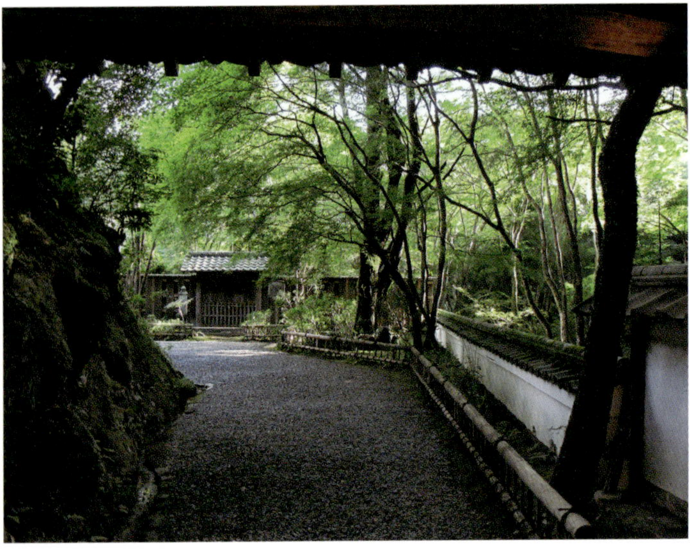

einer Kirche dabei beobachtet wurde, wie er sich mit Weihwasser bekreuzigte, auf die Frage, warum er das noch mache, obwohl er den Glauben doch eigentlich hinter sich gelassen habe, zur Antwort gab: »Wo so viel gebetet wird, herrscht das Göttliche.«

Mit fünf Menschen, die ich nicht kannte und deren Sprache ich nicht verstand, stand ich also leise summend in diesem ausgeschmückten Raum und fühlte mich wohl dabei, für kurze Zeit war die Logik des Denkens ausgeschaltet und ich stand einfach irgendwo in den Bergen mit ein paar Unbekannten, die ich noch nie gesehen hatte, ohne zu wissen, was ich da sang. Das eigentliche Wesen des Reisens besteht darin, sich allem hinzugeben, dem man begegnet.

Eine Viertelstunde sind wir jetzt gegangen. Ein hohes Tor, links und rechts Wald, japanische Zeichen, Schrift, die etwas bedeutet und, je länger man sie betrachtet, immer schöner wird. Ich beneide jeden, der sie lesen kann, und versuche für mich, die Zeichen zu beschreiben. Ein Strich mit einer leichten Erhöhung in der Mitte, darunter ein kleines Rechteck mit abgerundeten Ecken, darunter ein noch kleineres Rechteck und darum herum eine Art Tor, das rechts unten noch eine kleine Ausbuchtung hat und ansonsten offen ist. Ich weiß, dass es ein Teil des Tempelnamens sein muss, doch *lesen* kann ich nichts.

Ein Weg, zu beiden Seiten große Steine, dann kommt man ins Kloster, ein Mann mit dem Gesicht, aber nicht der Kleidung eines Mönchs geht uns voran durch einen Gang, rechts von mir sehe ich Tierzeichnungen, die man offenbar kaufen kann, doch ich habe am Ende des Ganges Licht gesehen, eine Veranda, ein Garten, der Mann hat in diese Ferne gedeutet und lässt uns jetzt allein, andere Besucher sehe ich nicht, wir gehen weiter, auf die breite Veranda hinaus, etwas tiefer eine Gartenlandschaft, eine Komposition aus Farben und Formen, eine Art kleiner Teich, eine solche Stille

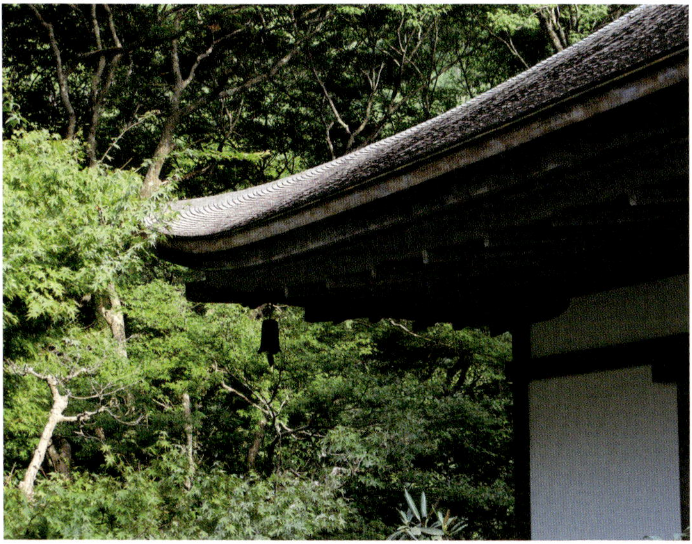

habe ich auf dieser Reise noch nirgends erlebt. Und zugleich weiß ich, dass ich in diesem Land auch dem Gegenteil ausgesetzt war, Hektik, Lärm, Vulgarität, Betrunkenen in der Öffentlichkeit, völlig überfüllten Bahnsteigen, und dennoch habe ich auf dieser Japanreise, die wievielte es ist, weiß ich schon lange nicht mehr, plötzlich das Gefühl, dies sei es, was ich die ganze Zeit gesucht habe, und auch das

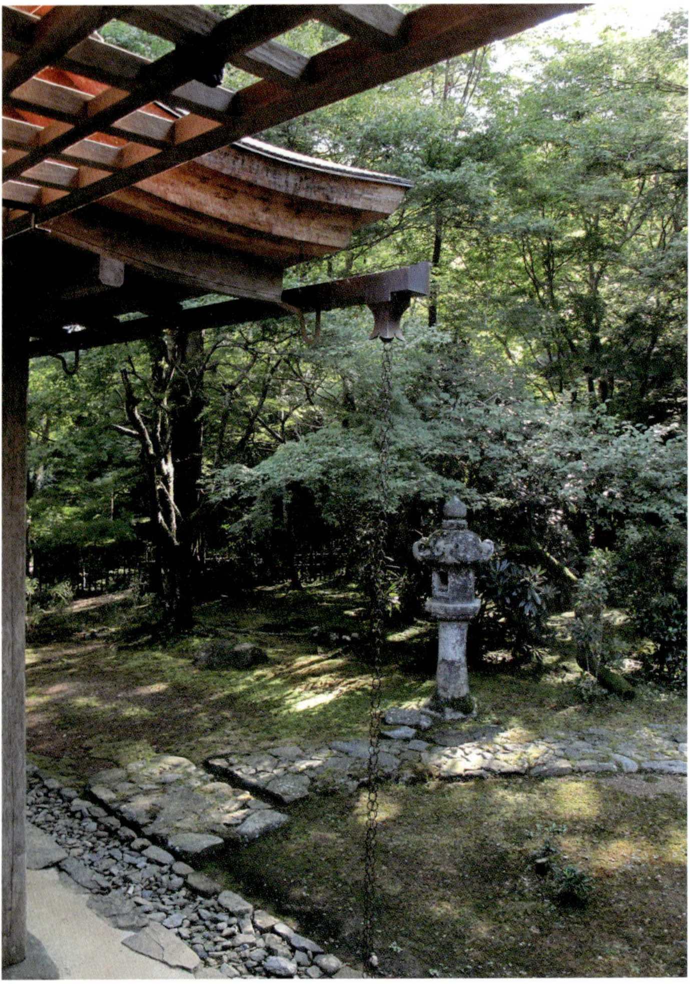

stimmt nicht, ich habe Dinge erlebt, die mich tief berührt haben, habe unendlich viel gelernt; ich starre auf die Bäume und Grünpflanzen vor mir, auf eine metallene Kette aus glänzenden Gliedern, die von einem aus dem Gebäude ragenden metallenen Balken herabhängt und dazu dient, das Regenwasser auf die darunterliegenden bemoosten Steine rieseln zu lassen, die Farbe des Wassers in dem kleinen Teich, die gebogene Form einer verwitterten Steinlaterne, und zugleich nicht ein einziges dieser Bilder für sich, hier ist im frühen Licht etwas zusammengeballt, das mit Zeitlosigkeit zu tun hat, mit einer geschlossenen Welt, die sich in diesem Moment darbietet und dir klar macht, dass sie auch ohne dich existiert, dass sie unendlich alt ist, dass sie dir fremd ist, dass du aber trotzdem in ihr willkommen bist, als wärest du in eine fremde Geschichte eingetreten und müsstest nichts anderes tun, als auf die Felsen zu schauen, auf die Schatten, die so unglaublich mannigfaltigen Formen der übereinander hängenden Blätter und auf das durch sie schimmernde Licht, die Seerosen, die niedrigen dunklen Sträucher, die Berge in der Ferne, die dir etwas erzählen wollen, etwas über Zeit, über Stille, jemand oder niemand hat einst eine Komposition geschaffen, dazu bestimmt, dich innehalten zu lassen und zu versuchen, nicht mehr zu denken und unsichtbar zu werden als Teil von alldem, und das so lange wie möglich andauern zu lassen. Erst als ich mich umdrehe, sehe ich das Bild, das viel später, in einem anderen Land, zu einem Gedicht werden wird, ein Mann, der in einer Astgabel sitzt und meditiert. Seine Holzsandalen stehen unter dem Baum. Es ist eine Zeichnung, doch ich kann nicht umhin, vielleicht weil niemand sonst hier ist, zu denken, dass er mich sieht, und weil Ironie dazu bestimmt ist, uns nicht im Unwägbaren irregehen zu lassen, denke ich an den gewaltigen Schlag, den mein Kopf auf jenen Felsen im Norden abbekommen hat, doch durch das Wort Schlag auch an den Hieb,

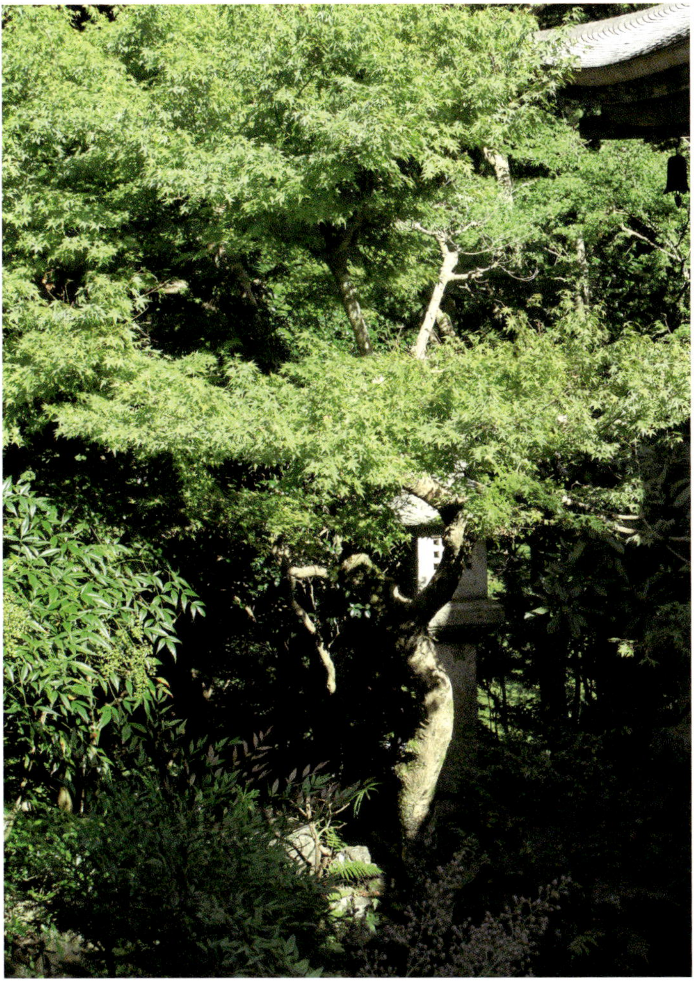

Myōe, der Begründer des Klosters.
Zeichnung aus dem 13. Jahrhundert

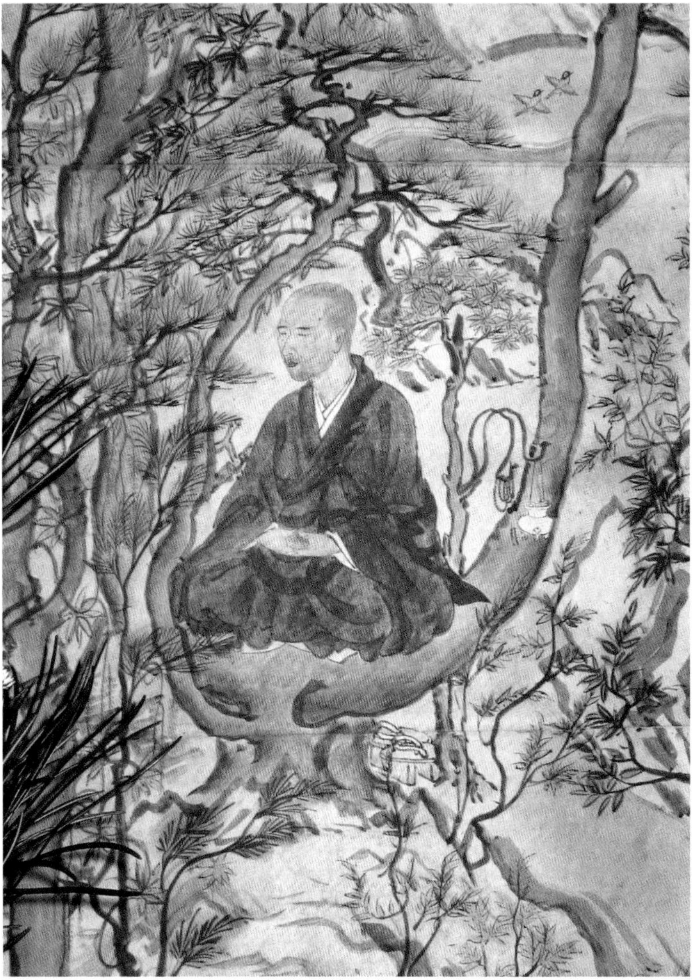

den der Lehrer in Zen-Erzählungen seinen Schülern verpassen kann, aber damit bin ich noch keinen Schritt weiter, denn augenblicklich schließt sich die Stille erneut um uns, die Bäume, die Steine, die Regenwasserketten und die geschnitzten Formen des die Veranda umgebenden Geländers, alles tut sich zusammen, um meine Anwesenheit auszulöschen, ich bin gar nicht hier, meine Augen sind hier, ich bin eins geworden mit meinem Schauen und sehe den Mann, der mich nicht sieht, wie er nun schon seit Jahrhunderten die Welt nicht sieht.

Heute, so viel später, weiß ich, wer er ist, ein Mönch aus dem zwölften Jahrhundert, der Begründer dieses Tempels, ein Mann, der seine Träume niederschrieb, der sein Leben lang ins Land des Buddhas mit den vielen Namen reisen wollte, den er verehrte, der diese Reise jedoch nie machen konnte und statt dessen dieses Kloster an der Stelle errichtete, an der ich jetzt stehe und sein Bildnis aus dem dreizehnten Jahrhundert betrachte, ein Mann, der ein

Teil eines Gartens ist, festgewachsen auf einem Baum. Selbst wenn ich jahrelang hier stünde, er würde mich nicht sehen, sein Gesicht ist nach innen gekehrt und verschlossen. Die Zeichnung an der Wand ist alt, aber er selbst ist es nicht, seine Haltung verrät Gelenkigkeit, man sitzt nicht einfach so in einer Astgabel, als wäre man selbst ein lebender Teil des Baumes, halb verborgen zwischen Zweigen und Blättern, anwesend und abwesend zugleich, die Augen schmale Striche, das geschorene Haar auf dem hellen Schädel fast blond, was spielt sich da drinnen ab? Erst später, wenn ich mehr weiß, wird mir bewusst werden, wie viel Zeit und Rätsel hier zusammengeballt sind, und erst in ebendiesem Später werde ich die Worte finden, die für mich zu diesem Mann gehören, aber ich werde auch das Gefühl haben, in einen Bereich der Zeit mit Verästelungen geraten zu sein, die nie die meinen sein werden, Schichten der Vergangenheit, zu denen ich keinen Zugang mehr habe. Dann erst werde ich das Gedicht schreiben, das zu diesem Mann gehört, ein Gedicht, tausend Jahre später, das er nie lesen wird.

Was weiß ich von ihm? Er war ein Verehrer von Shakyamuni, dem historischen Buddha, und das ging in seinem Fall sehr weit. Ich muss jetzt ganze Zeitmassen beiseiteschieben, um mich ihm nähern zu können. Er hieß Myōe. Es waren bereits einige Jahrhunderte vergangen, seit Buddha gelebt hatte, und noch viel mehr Jahrhunderte, seit er dieses Kloster hier gründete. Der Ausdruck Zeitmassen klingt eigenartig, ich weiß, und dennoch, hier, in der Stille auf dieser Veranda, ist es eine beinahe physische Wirklichkeit. Aber ist Kloster denn überhaupt das richtige Wort? Mönche sind hier nicht zu sehen, die Architektur des Gebäudes ist eine völlig natürliche Verbindung mit dem Garten eingegangen. Noch immer ist niemand sonst vorbeigekommen, es gibt nur die unglaubliche Schlichtheit des Tempels, die Bäume draußen, hinter mir das Portrait von Myōe, der dort sitzt, ohne sich je zu bewegen. Und doch wollte er

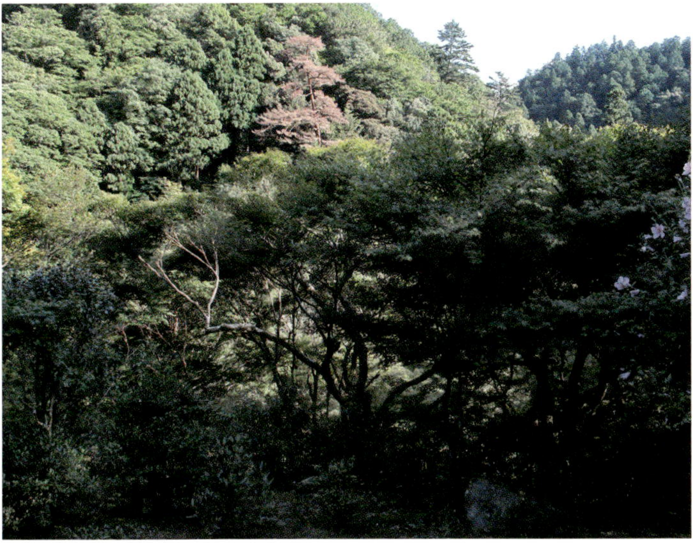

genau das, sich bewegen, sehr langsam war der Buddhismus durch ganz Asien über China nach Japan gekrochen, Shakyamuni wurde in Japan zu Shaka Nyorai, ich habe versucht, mir das vorzustellen, Worte, die über einen riesigen Kontinent hinweg von Mund zu Mund, von Sprache zu Sprache und von Namen zu Namen weitergegeben werden. Während der Saigoku-Pilgerfahrt habe ich gelernt, wie die Göttin der

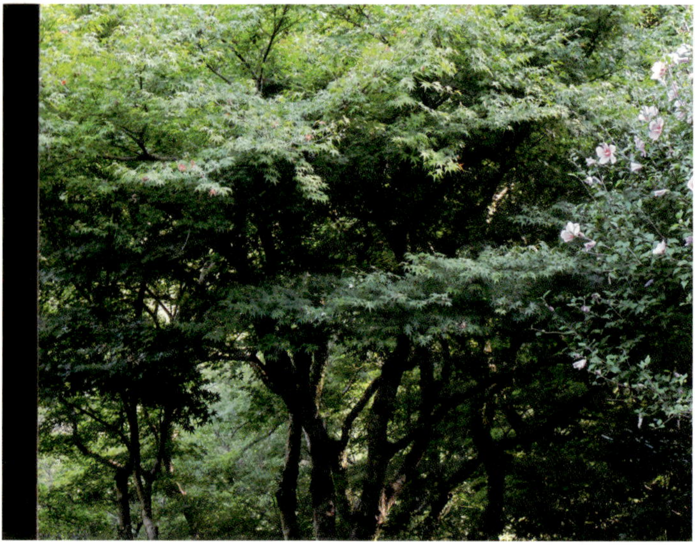

Barmherzigkeit, die ich überall als Kannon mit den tausend Armen und manchmal auch mit den tausend Augen antraf, auf ihrem langen Weg von Südostasien in den Norden nicht nur einen anderen Namen, sondern auch ein anderes Geschlecht bekam, vom männlichen Avalokiteshvara zur chinesischen Kuan-yin und der japanischen Kannon. Magie einer Lehre, die durch alle Sprachen von einem Erdteil aus nach Norden wandert, nicht nur von Mund zu Mund, sondern auch von Schrift zu Schrift – sich verändernde Schriftzeichen, Worte, die in immer wieder anderen Mündern verformt werden. Nach Indien wollte Myōe, zu dem Ort, an dem Shakyamuni gelebt, meditiert und gepredigt hatte. Zweimal versuchte er dorthin zu reisen, gelungen ist es ihm nicht. Die Lehre verzweigte sich, nahm unterschiedliche Formen an, praktische und esoterische, kommerzielle und mystische, schlug Seitenwege ein, doch die Essenz blieb dieselbe, Bosatsus, Bodhisattvas und andere Heilige, Klöster an verlassenen Orten, Schulen, Richtungen, Legenden, eine stetig wachsende, nach Millionen zählende Gemeinschaft Gläubiger in sich fortwährend verändernden Formen. Der Tempel, in dem ich sitze und über all dies nachdenke, gehört zur Shingon-Sekte des esoterischen Buddhismus, doch bevor ich mich dort weiter hineinwage und mich zwischen allen Lehrmeinungen verirre, fällt mir Kōbō Daishi ein oder auch Kōkai, ein Heiliger des Shingon-Buddhismus, dem ich auf meinem Saigoku-Pilgerweg wiederholt begegnet bin, ein Pilger wie jeder ringsum, nur er mit Strohhut und Stab und bereits seit Jahrhunderten tot, der, als hätte er mich inmitten all der Verwirrung und der Rätsel trösten wollen, in einem lange zurückliegenden Jahrhundert geschrieben hatte:

»Aus ferner, dunkler Vergangenheit von
vor der Erinnerung,
sind Schriften überliefert in tausend und
abertausend Büchern,
um buddhistische und nicht-buddhistische
Schriften auszulegen.
Dunkel, absurd, unklar
sind hundert Meinungen und Theorien,
und jede behauptet, die wahre zu sein.

Wenn man sie abschreibt und rezitiert bis
zum Tod,

wie kann man dann vordringen bis zur
letztgültigen Quelle?

Sosehr ich darüber nachdenke, ich weiß
es nicht.
Der Buddha, denke ich, hat sich damit
nicht beschäftigt.
Er hatte Mitleid mit erkrankten Geistern
und lehrte sie, heilkräftige Kräuter zu
nehmen, wie Sheng Nun,
und zeigte den verlorenen Seelen den Weg
wie der Herzog von Chou es tat mit
seinem Kompass.«

Jahrhunderte beiseiteschieben, habe ich weiter oben geschrieben. Kōbō Daishi, der die hier zitierten Worte im Jahr 830 schrieb, fünf Jahre vor seinem Tod, bezieht sich auf einen mythischen chinesischen Kaiser, der 5000 Jahre zuvor gelebt hatte. Der Herzog von Chou war ein Sohn des ebenfalls sehr frühen chinesischen

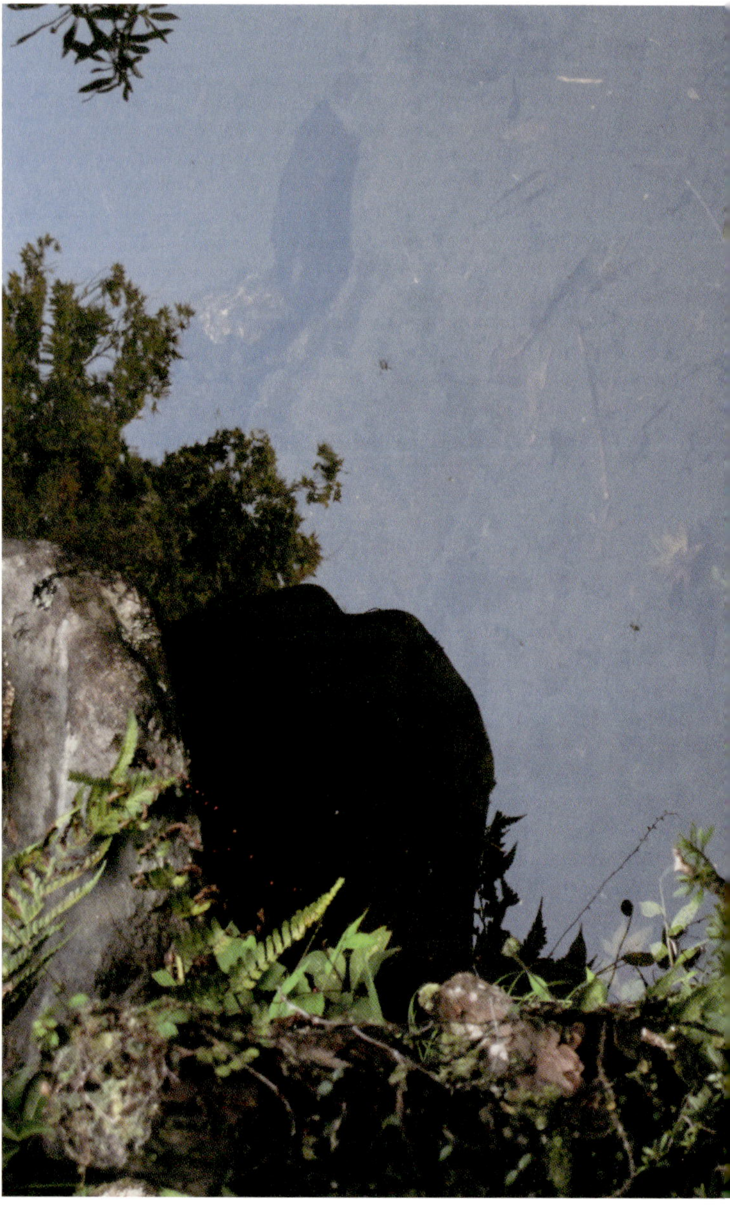

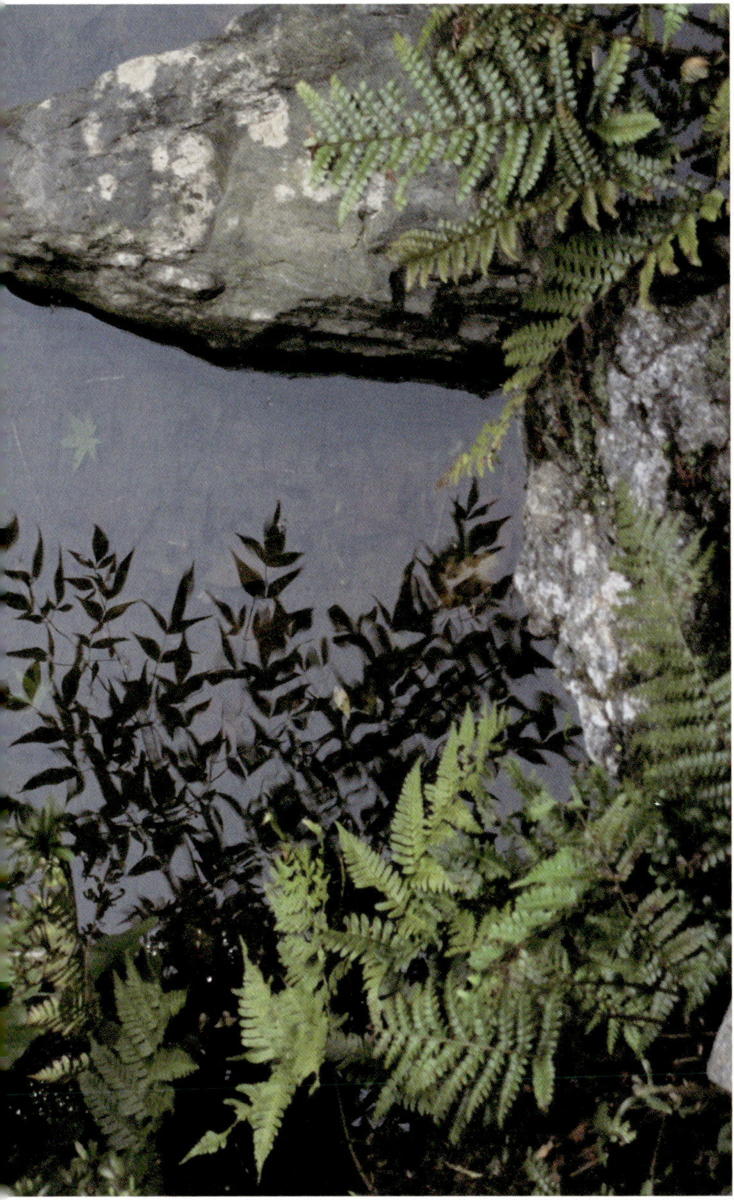

Königs Wen, der etwas mit den Mysterien des I Ching zu tun hatte, dem System von Hexagrammen, aus dem die Menschen ihr Schicksal lesen konnten. Kōkai selbst lebte von 774 bis 835, ein Mönch, Heiliger und Philosoph, der lehrte, der Kosmos sei eine Sprache, eine Schrift, die gelesen werden müsse, um die Welt verstehen zu können.

Und so sitze ich nun hier, lasse mir die Worte durch den Kopf gehen, die bereits Hunderte von Jahren alt waren, als Myōe hier hinter mir sie gelesen und über sie nachgedacht hat, nehme also für einen Moment an einem uralten, endlosen Gespräch teil, das hier noch immer im Gange ist, im Geraschel der Ahornblätter, die sich über dem kleinen Teich bewegen, höre ich das Echo ihres einstigen Geflüsters. Kegon-Buddhismus, Shingon-Buddhismus, abgehoben fühle ich mich nicht, eher dank Kōkais Worten der Pflicht enthoben, eine Meinung zu diesen Worten und Namen zu haben, durch die Stille wird alles wirklich, sie haben gelebt und gedacht, sie haben etwas niedergeschrieben, sprechen noch zu mir, ihre Lehre ist nach wie vor in der Welt, spricht aber von Leere und Unwirklichkeit, und während ich darüber nachsinne, spüre ich den wirklichen Wind, der das Schilf im Teich bewegt und Kräuselungen im dunklen Wasser erzeugt.

Die Lebensdaten derer, die ich erwähnt habe, liegen weit in der Vergangenheit, aber wer sagt, dass 2020 nicht eine absurdere Zahl ist als 835 oder das Gründungsjahr des Klosters, 1133, es ist, als hätte ich ein paar Zahlen in einen Kasten geworfen, um mit ihnen zu spielen. Denn was ist wirklich? Die zufällige Zahl 2020, die ich als mein Heute bezeichne, hatte die Zahl des Jahres sein sollen, in dem ich zu dem Ort zurückgekehrt wäre, den ich in diesem Bericht Hier und Jetzt genannt habe, die Veranda des Kōzan-ji im Jahr 2020. Meine Reise nach Japan war festgelegt, ich hätte hier sein sollen, um diesen Tempel noch ein Mal zu besuchen. Ein unsichtbares Virus kam dazwi-

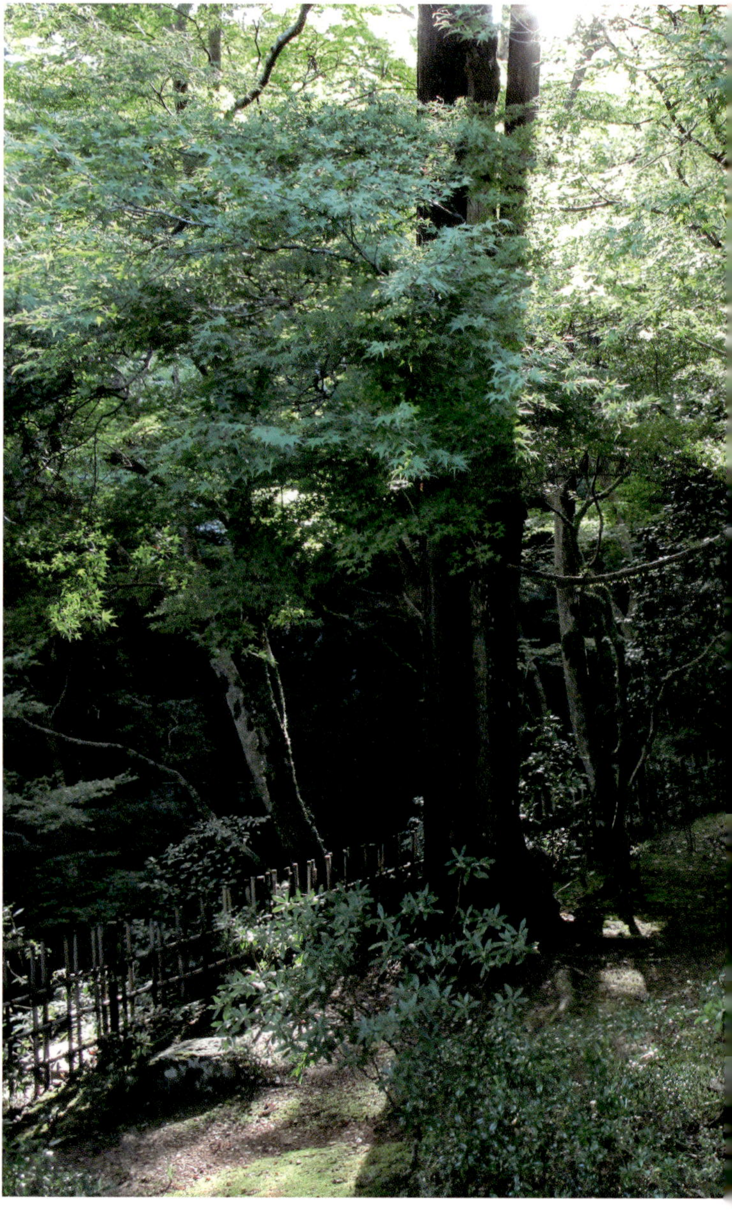

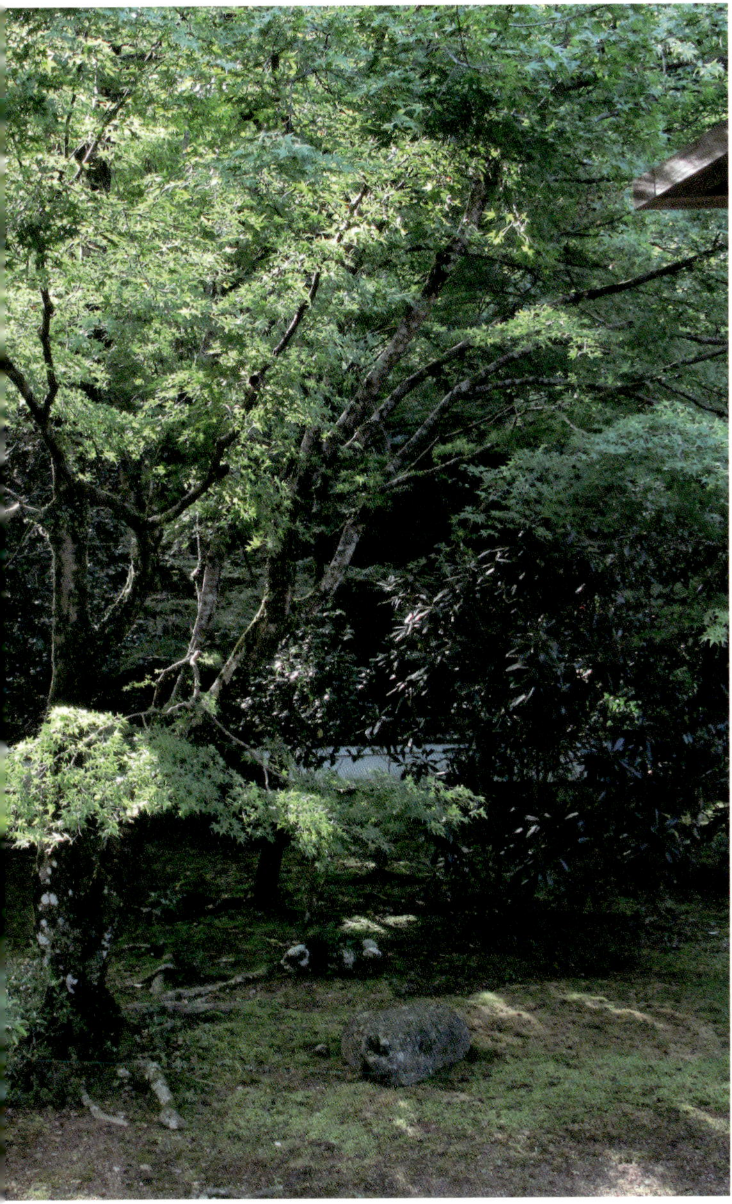

schen, das seiner eigenen geheimen Lehre folgte, eine Fügung des Schicksals, die mich auf dem Kontinent festhielt, aus dem ich stamme. Warum wollte ich noch ein Mal hierher zurückkehren? Wegen der Stille, wegen der vollkommenen Leichtigkeit des Gebäudes als natürliche Fortsetzung eines Gartens, der Anwesenheit des meditierenden Mannes auf dem Bild hinter mir, der Figur eines kleinen Kindes, das auf dem Klostergang zu spielen schien, seine Haltung aber genauso wenig verändert hat wie Myōe. Aber da war noch etwas, das weit entfernt von den esoterischen Gedanken zu liegen schien, über die ich gelesen hatte, weit weg von dem Klang gesungener Sutras, die ich früher einmal auf einer CD mit nach Hause genommen hatte, weit weg auch von einer Lehre voller reizvoller Geheimnisse, in denen ich mit Mühe umhertastete: etwas, das genauso alt ist und hier all die Jahrhunderte über aufbewahrt wurde und diesen ganzen Ernst für mich umgedreht und in sein Gegenteil verwandelt hat, etwas, das, als ich hier zum ersten Mal war, eine Leichtigkeit in den Tag gebracht hat, mit der ich nicht gerechnet hatte.

Manchmal geschieht es, man ist an irgendetwas vorbeigegangen, etwas im eigenen Gang hat einen aufmerken lassen, ein Stocken, man hat etwas gesehen, ist aber trotzdem weitergegangen, in der Ferne sah man die Veranda, den Garten im leuchtenden Licht, und dennoch zögerte man, drehte sich um – bleibt stehen, schaut auf eine Bildrolle, die einen Teil der Wand einnimmt, sieht Kaninchen und Affen, sieht Geschmeidigkeit und Bewegung, sieht Füchse mit schlauen Gesichtern, es sind Tiere, die aussehen wie Menschen, aber doch Tiere bleiben, sie tanzen, kämpfen, verspotten einander, purzeln übereinander, bilden kleine Gruppen, dies sind keine Buddhisten, die Sutras singen und sich rituell verneigen, es sind von jemandem ersonnene Wesen, die ebenfalls in diesem Kloster leben, die Welt jedoch als Spiel begreifen, das man keinesfalls zu ernst nehmen darf. Damals, beim ersten Mal, bin ich weitergegangen, auf das Licht des Gartens zu, zu dem einfältig lachenden Kleinkind, zu den Bäumen und dem Teich, der Stille, die Besitz von mir ergriff, zu der mystischen Gestalt in der Astgabel, die ihre Träume vor tausend Jahren niedergeschrieben hatte, ich vergaß die tanzenden Tiere, aber als ich später wieder an ihnen vorbeikam, ging mir auf, dass sie trotz all ihrer Andersartigkeit doch dazugehörten. Da spielte es auch keine Rolle mehr, dass es Reproduktionen waren, dass ich nicht wusste, ob Myōe sie jemals gesehen hatte und darüber hatte lachen können. Ich wusste, dass sie jetzt im Nationalmuseum Kyōto und im Nationalmuseum Tokio aufbewahrt werden, wo ich sie irgendwann gern wiedersehen würde, doch für mich gehörten sie von diesem Moment an zum Kōzan-ji, ein vollkommener Ausgleich von Gegensätzen. Alt waren sie, unbestritten, und merkwürdigerweise war das nur deshalb von Bedeutung, weil sie so unglaublich lebendig waren. Zwölftes

Jahrhundert, was bedeutet das? In den Kirchen unseres zwölften Jahrhunderts konnten Heilige sich noch nicht so bewegen, konnten nicht tanzen, nicht lachen. Ihre hieratischen Haltungen schienen eher vermuten zu lassen, dass sich unter ihren Gewändern keine Körper mit Muskeln befanden, dass sie vielleicht knien konnten, sich aber niemals so verneigen oder mit Pfeil und Bogen schießen; unsere mittelalterlichen Heiligen konnten sehr gut heilig dreinschauen, aber niemals so ekstatisch lachen wie die Tiere in diesem Tempel, es fehlte ihnen an Fluss, körperlicher Geschmeidigkeit und vor allem an der damals noch nicht vorhandenen geistigen Freiheit. Natürlich las ich später, wer diese Tiere möglicherweise gezeichnet hat oder vielleicht auch nicht, sicher war nichts, Namen zogen vorbei, doch ob die Zeichnungen nun tatsächlich der Beginn der Manga-Kultur waren oder nicht, die von Japan aus die gesamte Welt eroberte, blieb offen, eine Frage, die ich gern den Kunsthistorikern und Japanologen überlasse.

Skulptur des Knaben Zenzai Doji im Tempelgebäude

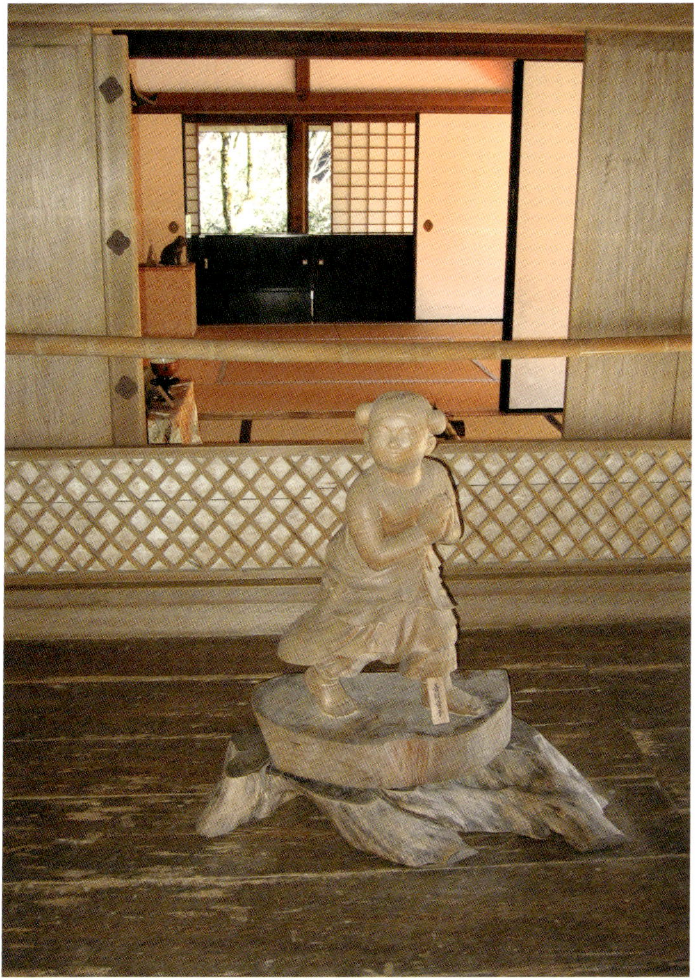

Was ich sah, waren Charaktere, Tierpersonen, Spötter, Auslacher, Ringer, Raufbolde, Frösche mit großen Mäulern, Wesen, die man nicht mehr mit einer bestimmten Zeit verbinden konnte, weil sie völlig natürlich und daher zeitlos waren.

Theorien las ich später reichlich über diese *frolicking animals* oder Lustigen Tiere, und wieder liefen für mich verschiedene Japans durcheinander, denn während meiner langen Reise zu den Klöstern wurde ich nochmals mit der Heian-Periode konfrontiert, und zwar durch die großartige *Geschichte vom Prinzen Genji*, 1008 verfasst von Murasaki Shikibu, einer Hofdame aus einem Nebenzweig der mächtigen Familie Fujiwara, ein Roman, und meiner Meinung nach der allererste, weil auch hier eine eigene Welt geschaffen worden war, angesiedelt am kaiserlichen Hof zu Heian-Kyōto, das damals noch die Hauptstadt Japans war. An diesem Hof lebten die »Menschen, die über den Wol-

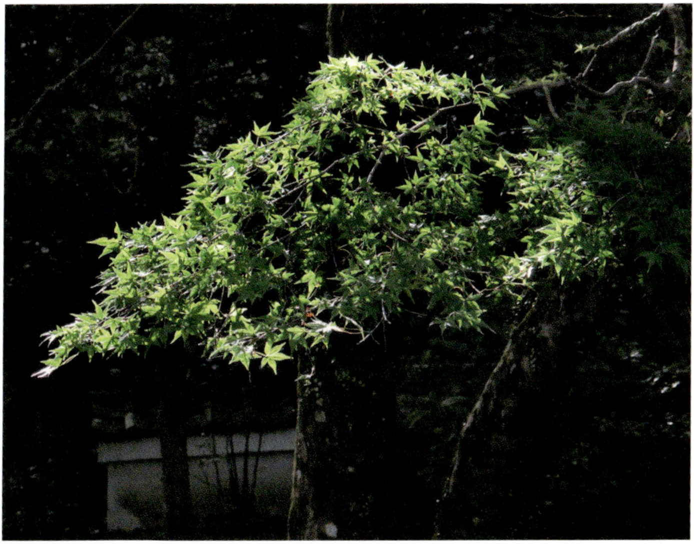

ken wohnten«, eine Welt, die deshalb keinen Bestand haben konnte, in Murasakis Buch jedoch für alle Zeiten erhalten geblieben ist. Es sollten tektonische Zeiten für Japan werden, Epochen schoben sich übereinander und prallten zusammen, der ländliche Adel lehnte sich gegen die Allmacht des Kaisers auf, Feudalherren, *daimyō*, die über kleine Samurai-Heere geboten, ich betrachte ihre furchterregenden Gestalten mit den merkwürdigen hochgezogenen schwarzen Kopfbedeckungen. Anders als beim europäischen Feudaladel sollten die ältesten Söhne den Titel nicht automatisch erben, der Vater sollte den Sohn auswählen, der die Macht behalten sollte, seine Samurai sollten nach den Regeln des *bushidō* leben, eines Ehrenkodexes, der keine ehrlose Niederlage zuließ, sondern als einzige Erlösung den Selbstmord, womit sie ihren Herrn, den *daimyō*, im Sattel halten würden, während der Kaiser seine Macht an einen tatsächlich regierenden Shōgun abtreten sollte, als kaiserliches Symbol jedoch das Religiöse und Göttliche weiterhin repräsentierte, eine völlig andere Form von Macht, wodurch es für die Shōgune von Bedeutung war, dass ihre Abkömmlinge in die kaiserliche Familie einheirateten. In jenen unruhigen Zeiten sind die Zeichnungen in diesem Buch entstanden. Chōjū-jinbutsu-giga, in diesem Namen steckt etwas Karikatureskes, etwas Spöttisches, doch ob die Tiere klerikale Hochwürdenträger darstellen sollten, ist nicht klar und genauso wenig, ob die geistige Tiefsinnigkeit des herrschenden Buddhismus diese Form als Gegengewicht benötigte. Je länger man sich diese so fantastisch gemachten Zeichnungen ansieht, umso stärker wird das Gefühl, ein Zeitgenosse habe eine auferlegte Welt beiseiteschieben und seinen Gegnern mit Pfeil und Bogen nachjagen wollen in einer Orgie der Befreiung, die tausend Jahre später noch immer alles Mögliche in einer Welt zu sagen hat, in der andere Kaiser und Shōgune sich die Gesetze ausdenken, von denen wir uns, verkleidet als Affen, Frösche und Kaninchen, tanzend und kämpfend befreien könnten.

Missen, 27. Juni 2020

Myōe meditierend

Wenn ich verschwunden bin,
wirst du noch da sitzen,
den kleinen Mund geschlossen,
Augen geschlossen voll himmlischer Leere,
deine Sandalen unter dem Baum.

Denkst du an etwas
oder an nichts, deine so dünnen
Hände gefaltet,
dein Körper geborgen
im Schwarz
deines Kleides.
Die Schnur für dein Gebet,
das kleine Gefäß für den Weihrauch
hängen neben dir an einem Zweig,
du brauchst sie nicht,
du selbst bist das Gebet.

Immer wenn ich dich sehe,
ist eine Sekunde verflogen.

So geht es schon immer, bei dir
Werden Jahre zu Zeit.
Dieselben zwei Vögel,
zu fern, sie zu kennen,
die Bäume, die sich sanft bewegen,
immer stiller bist du geworden,

Wind, Regen und Schnee
sind durch die Hügel gezogen,
während du da warst und nicht da.
Nichts kann dich berühren,
so vor meinen Augen verloren,
dass ich höre, wie ich
vergeh'.*

*Aus Cees Nooteboom: *Licht überall. Gedichte*, Suhrkamp 2013, ins Deutsche übertragen von Ard Posthuma.

鳥獣人物戯画

Chōjū-jinbutsu-giga

Seiten 85 bis 50

Die erste und berühmteste der vier Bildrollen entstand vermutlich Mitte des 12. Jahrhunderts von unbekannter Hand. Es sind Tuschzeichnungen auf Papier. Die Rolle ist ca. 31 cm hoch und ausgebreitet 11 Meter lang.

Sie wird hier in ihrem erhaltenen Ablauf gezeigt. Von rechts nach links und von hinten nach vorne betrachtet beginnt sie auf Seite 85 und endet auf Seite 50.

Die Originale werden heute im Nationalmuseum Tokio (diese Bildrolle 1 und Bildrolle 2) und im Nationalmuseum Kyōto (Bildrollen 3 und 4) aufbewahrt.

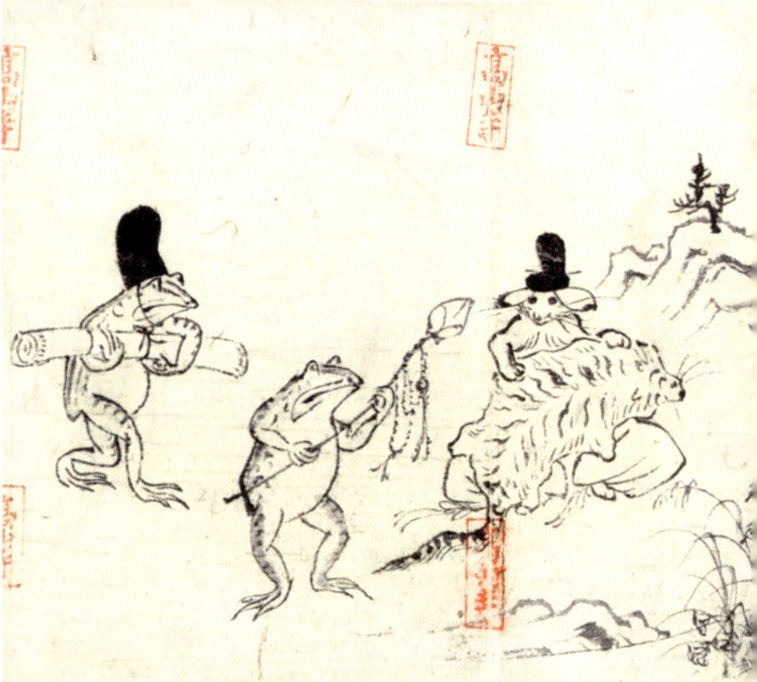

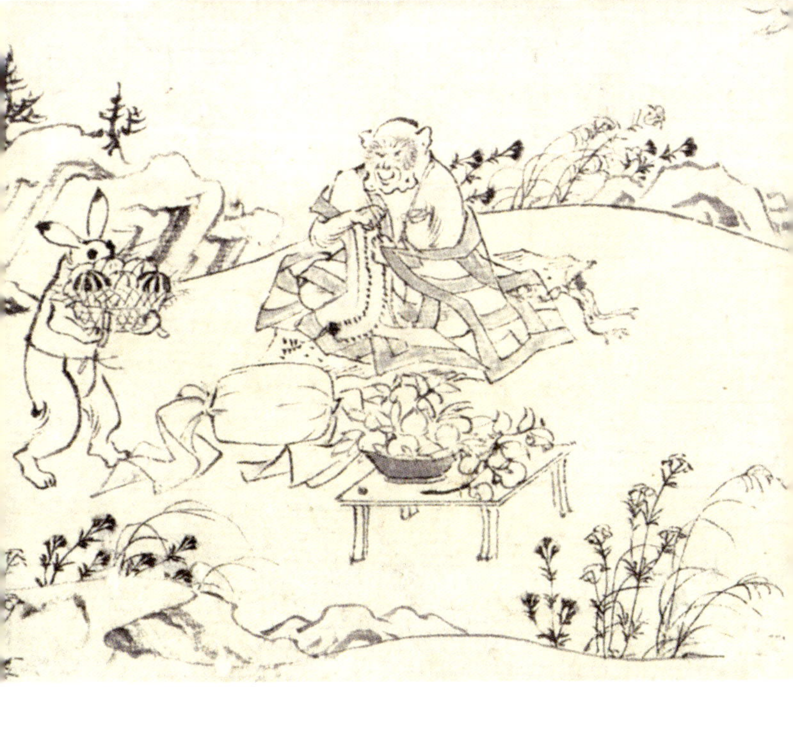

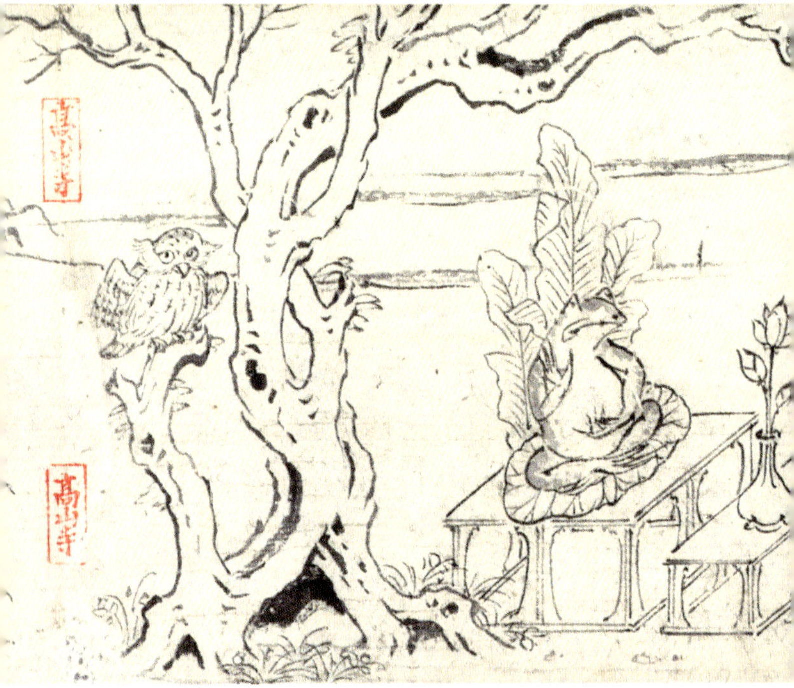

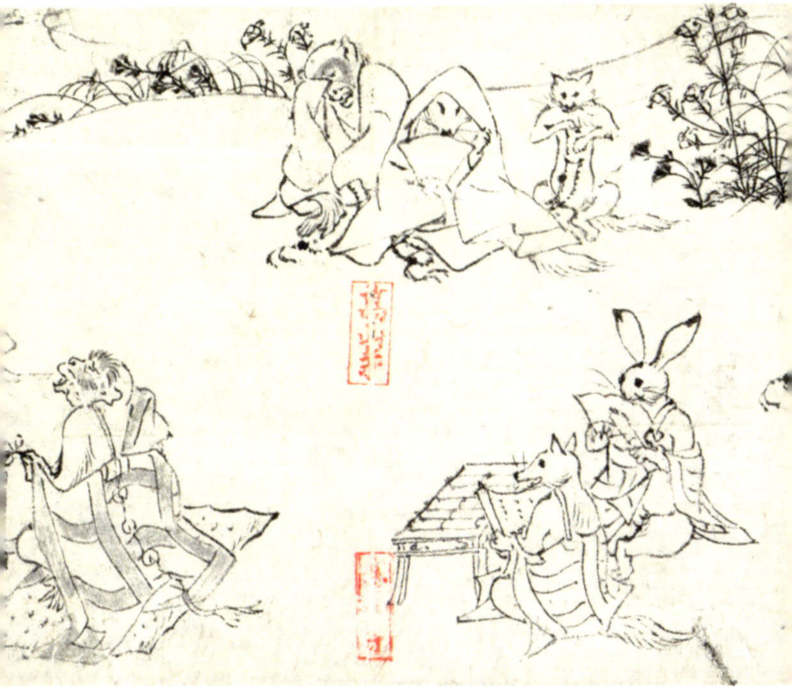

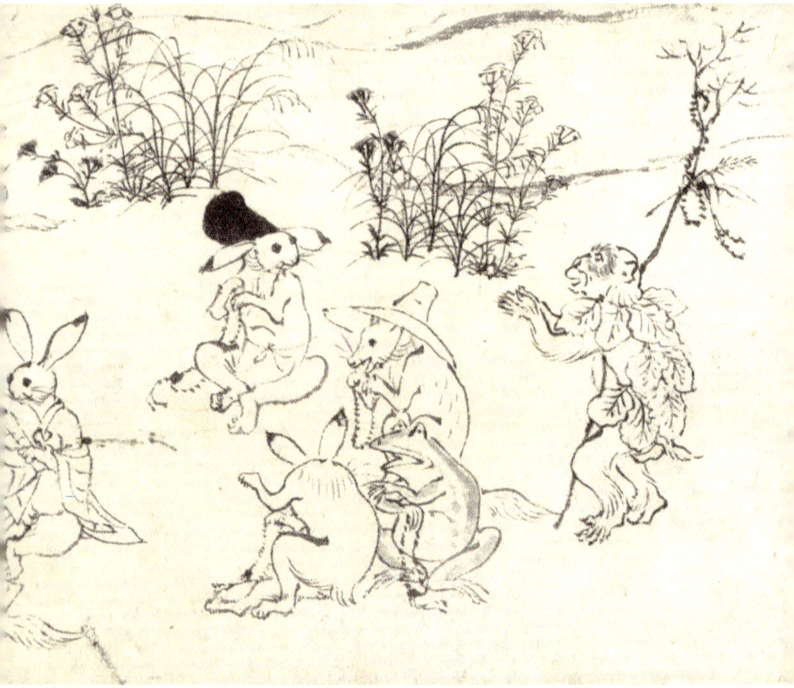

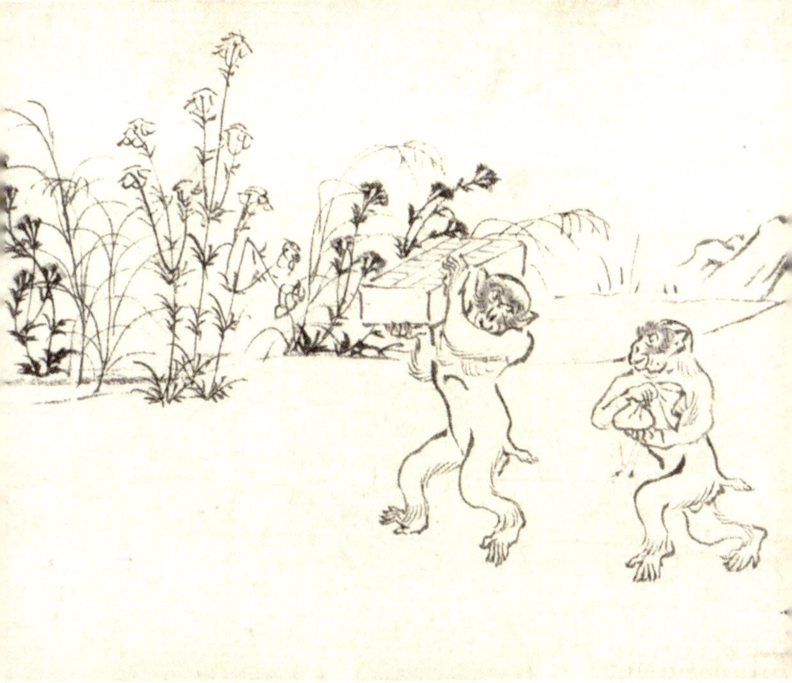

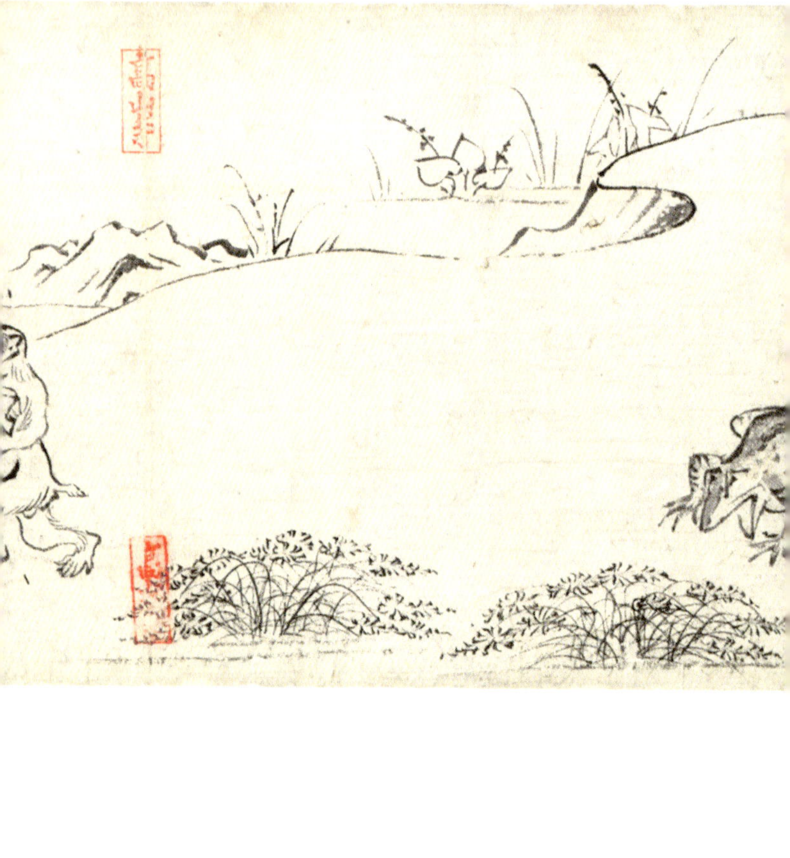

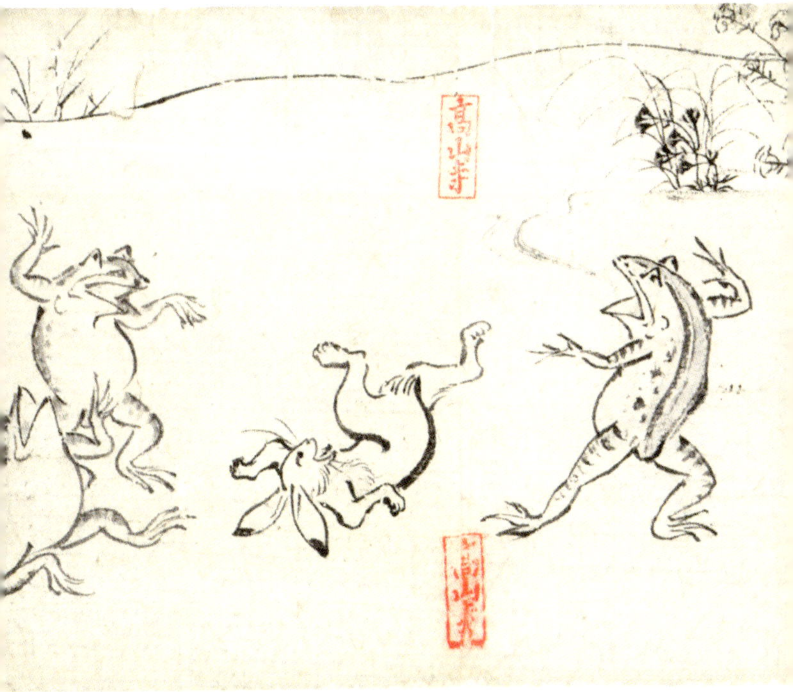

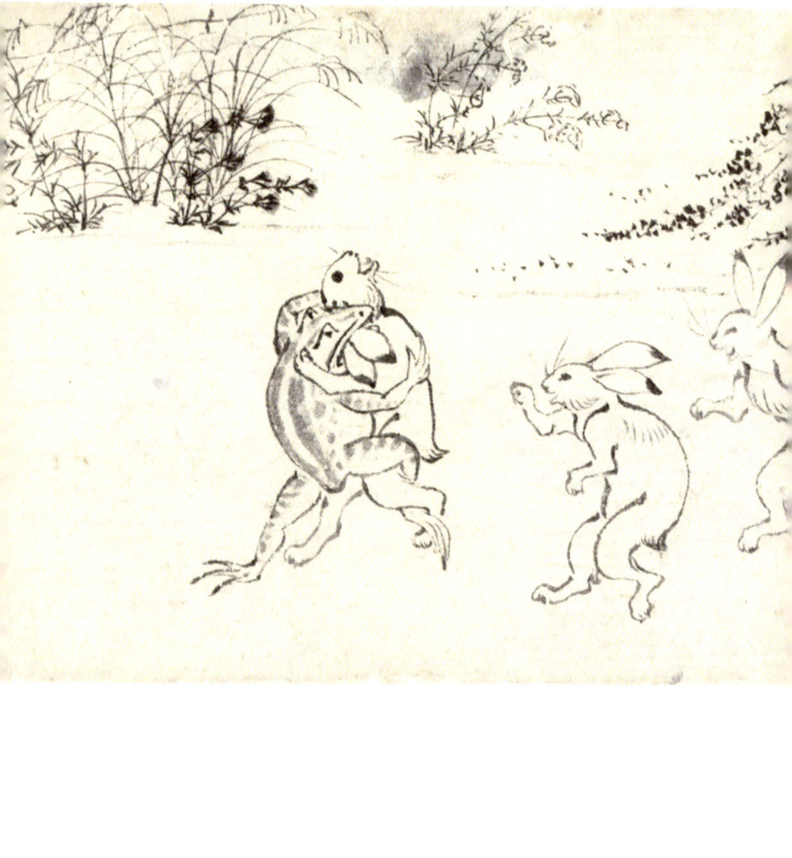

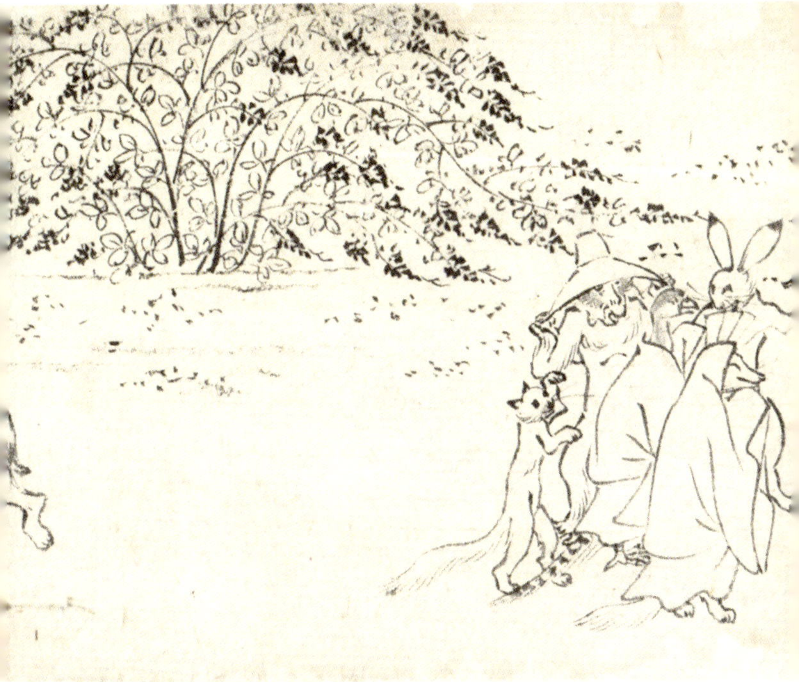

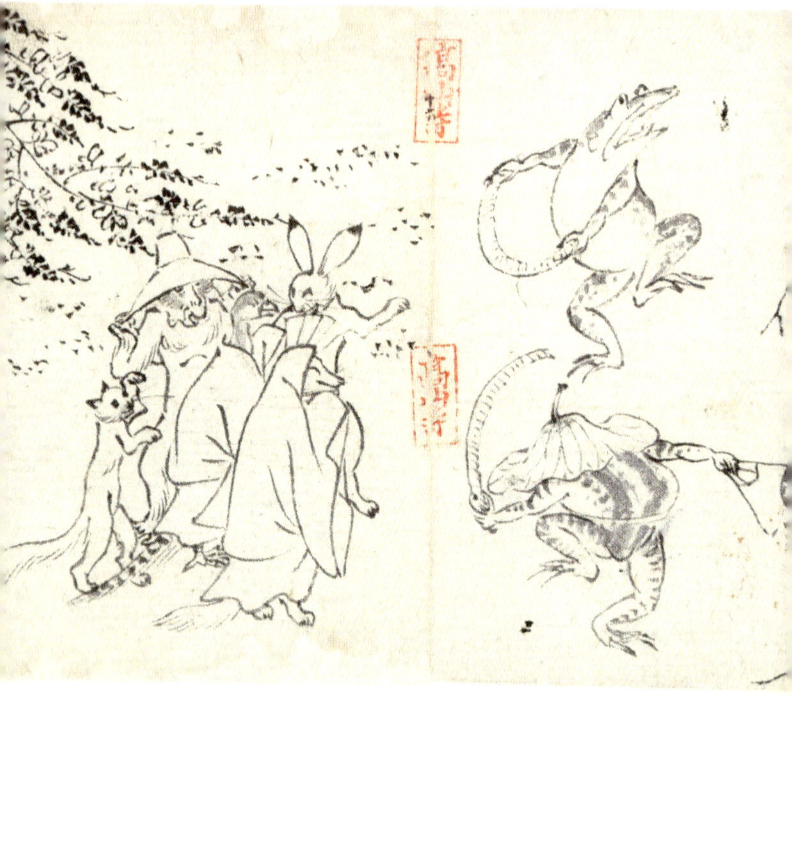

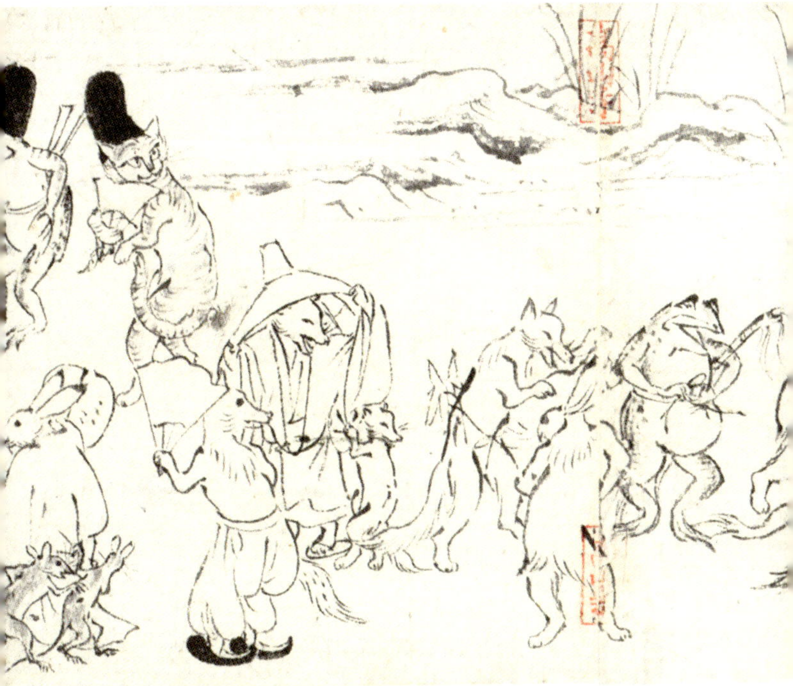

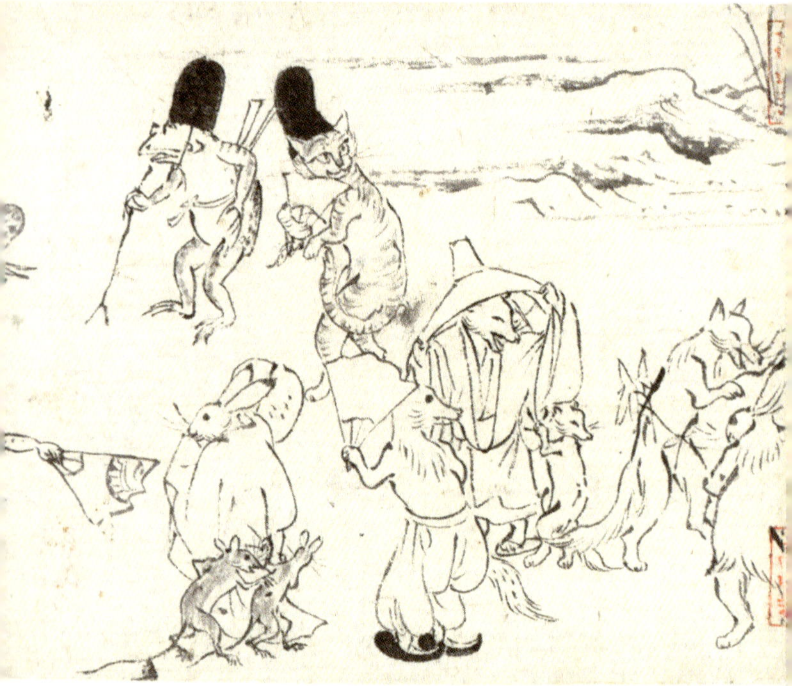

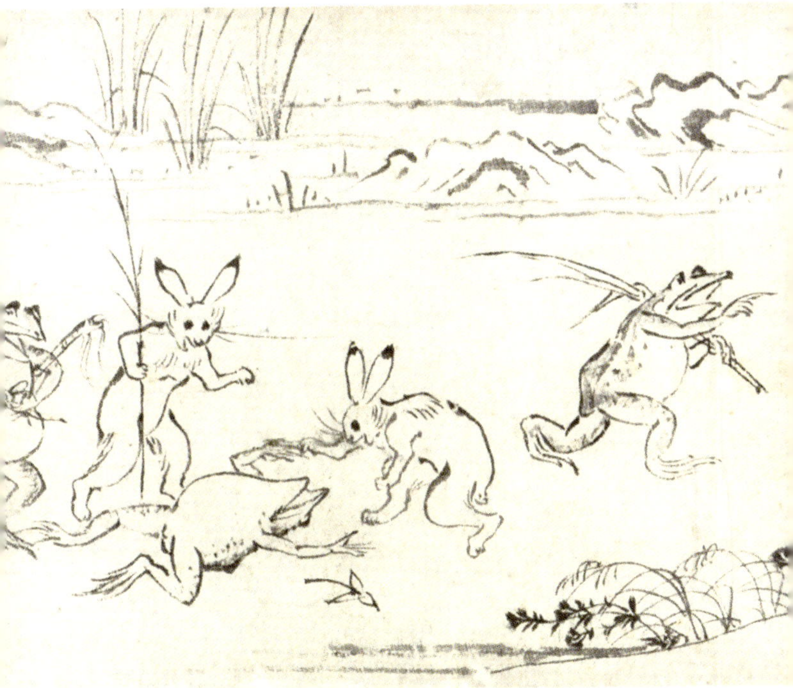

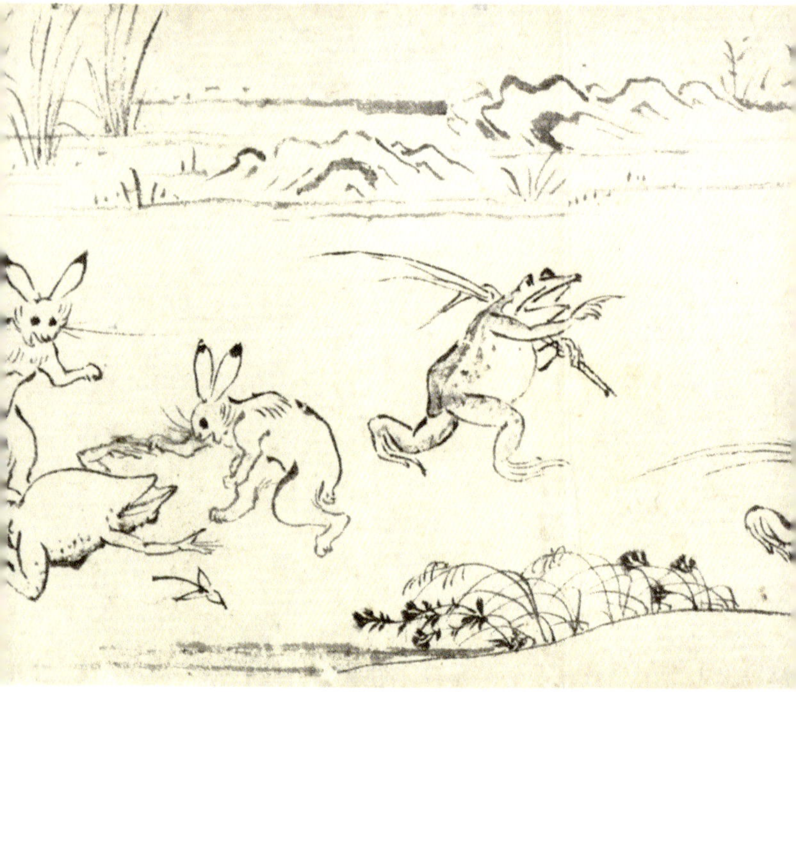

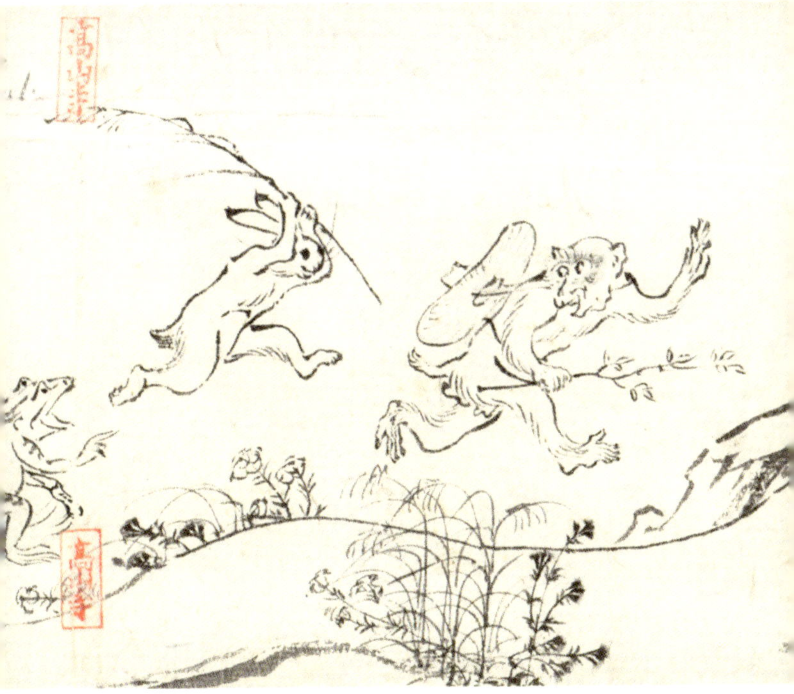

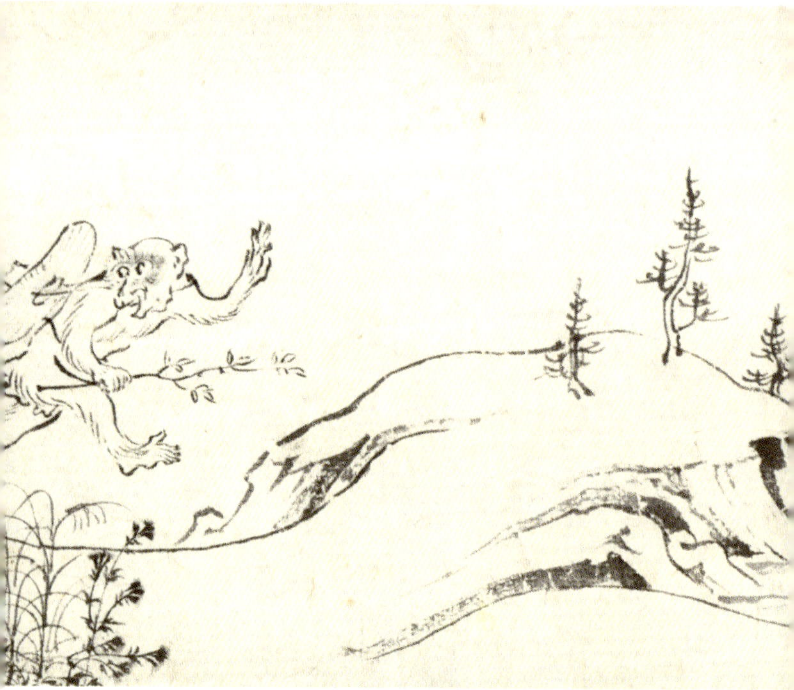

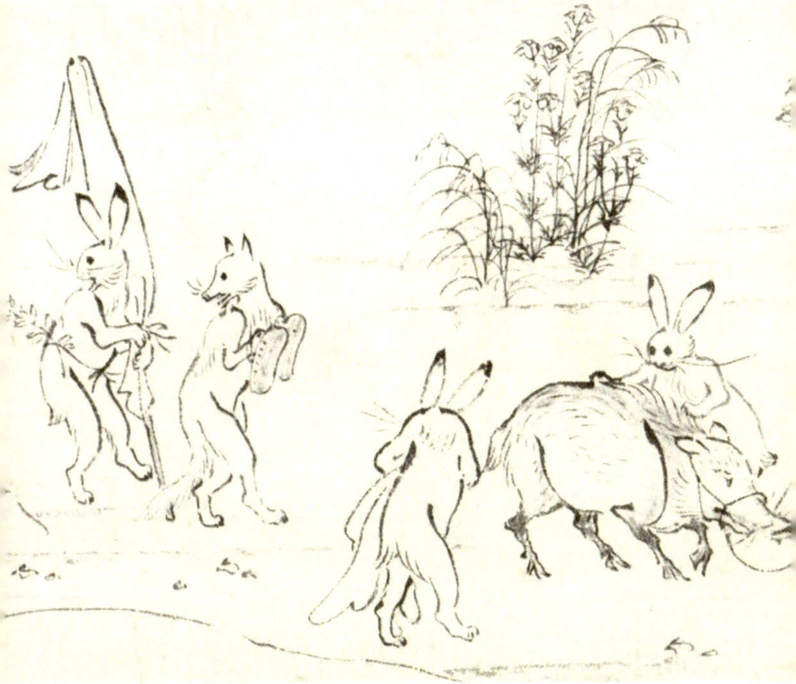

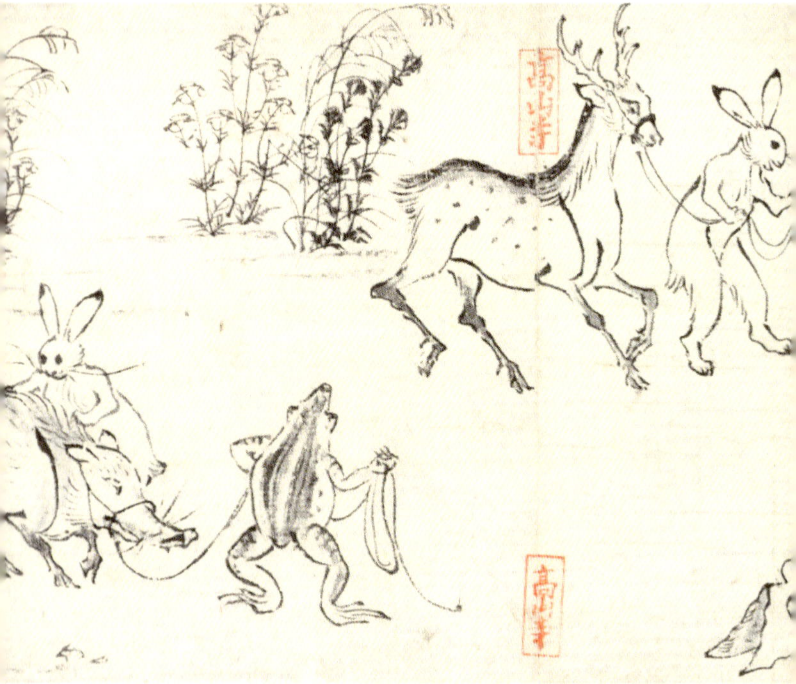

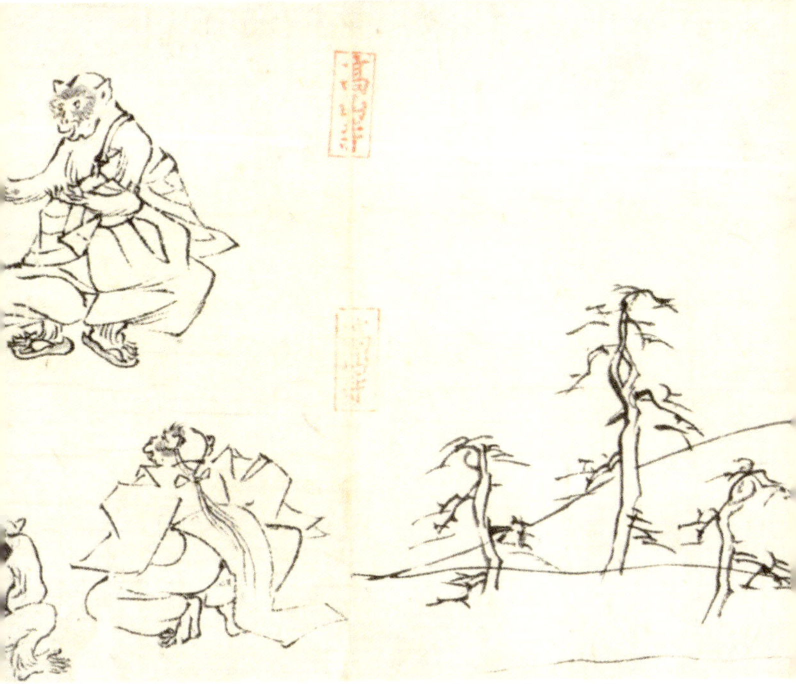

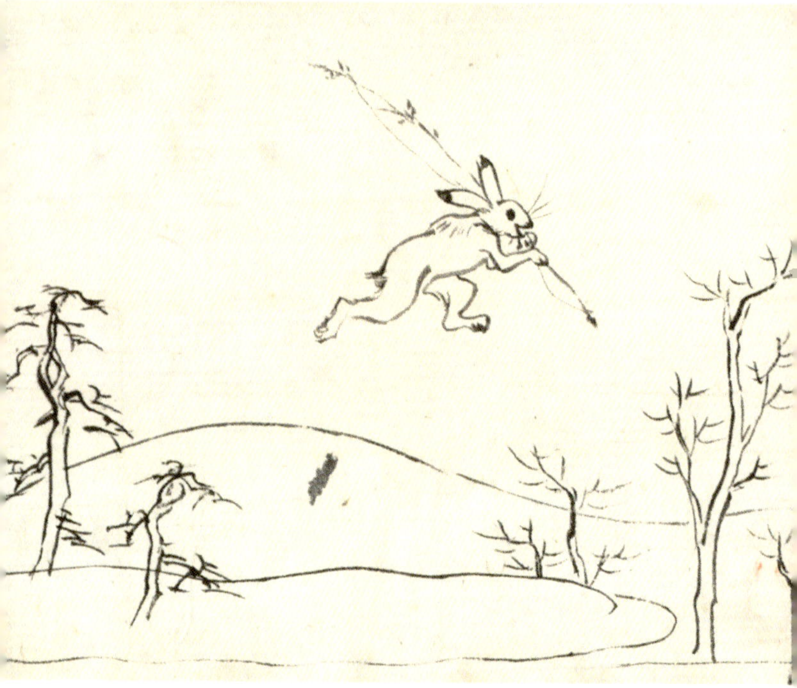

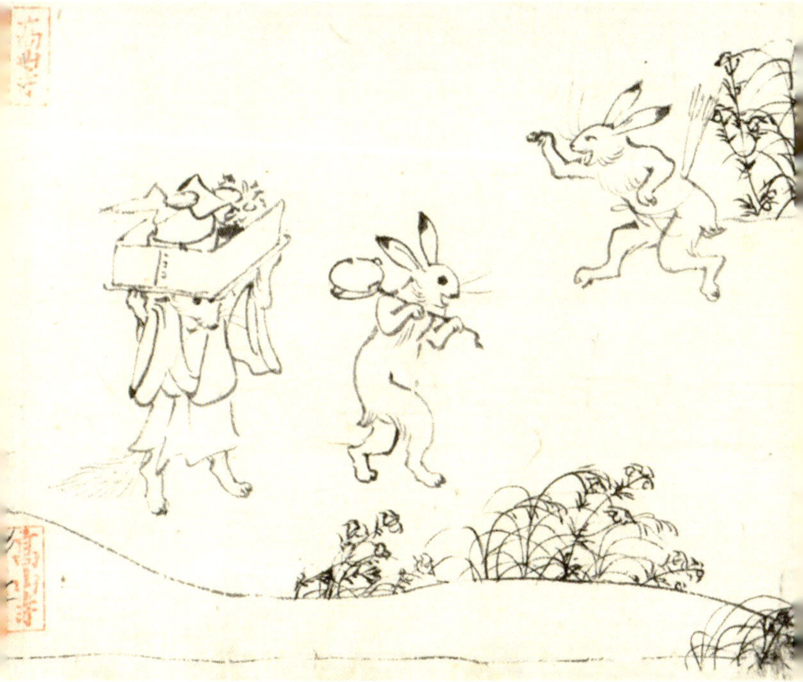

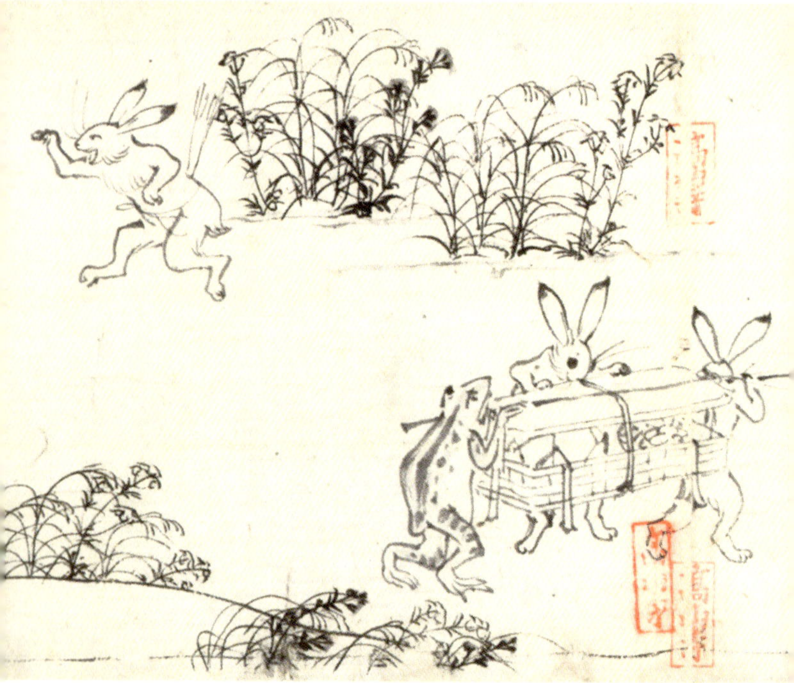

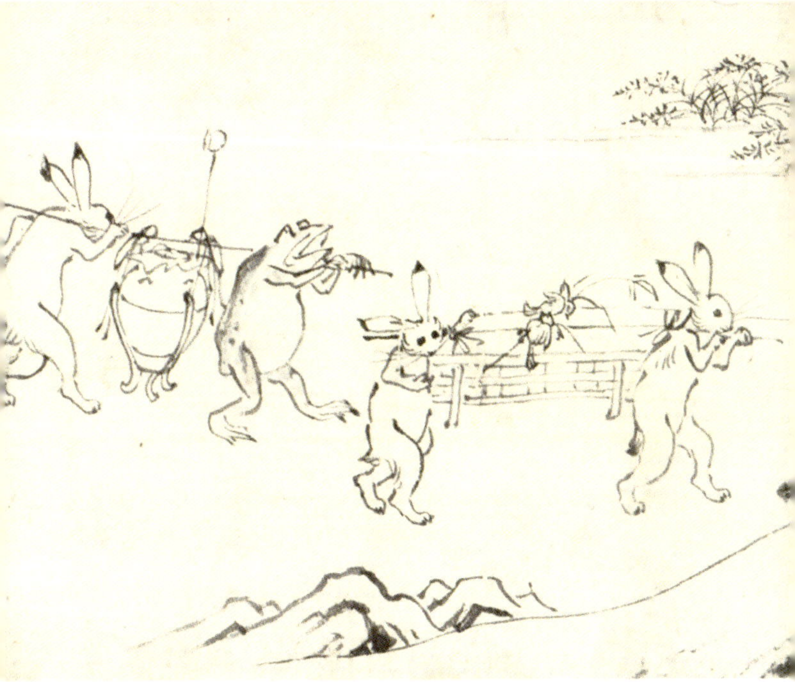

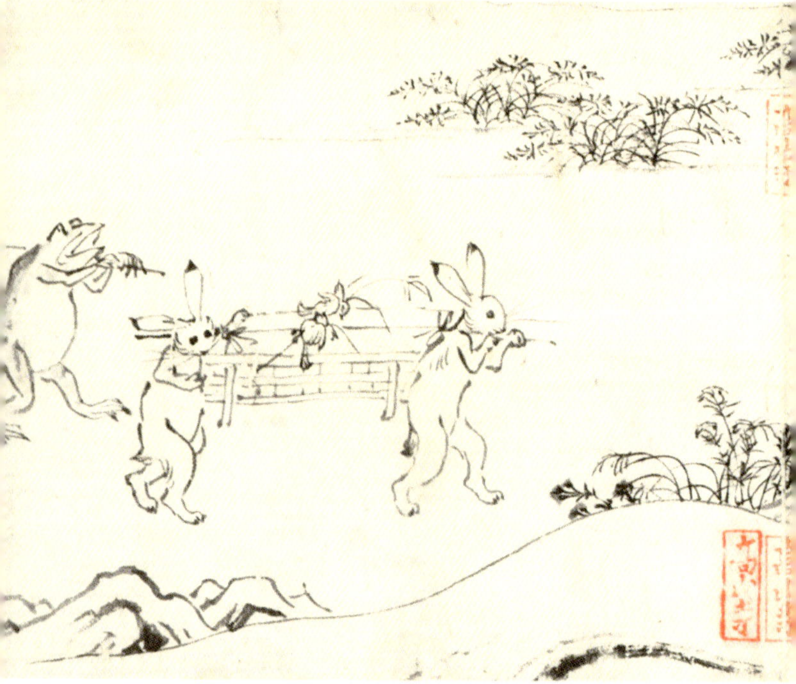

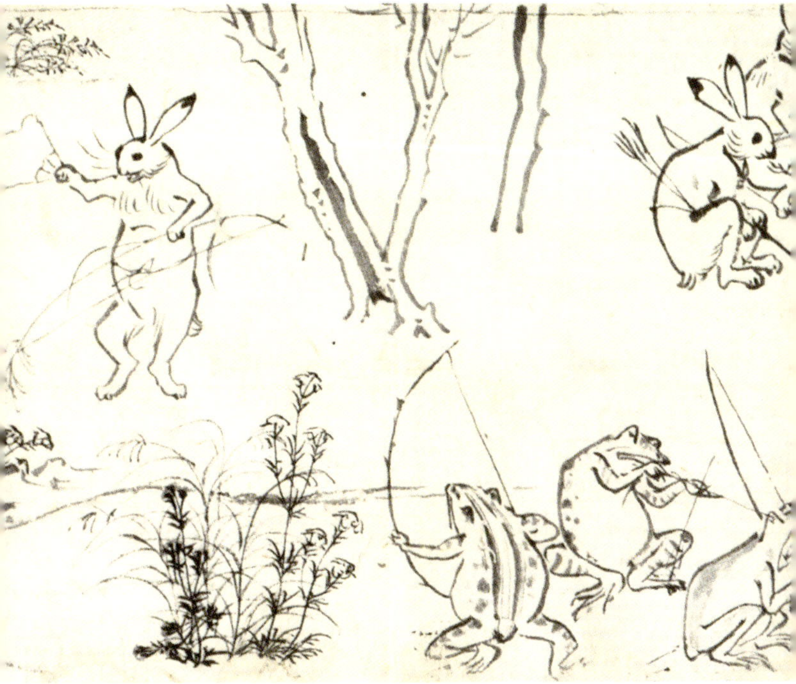

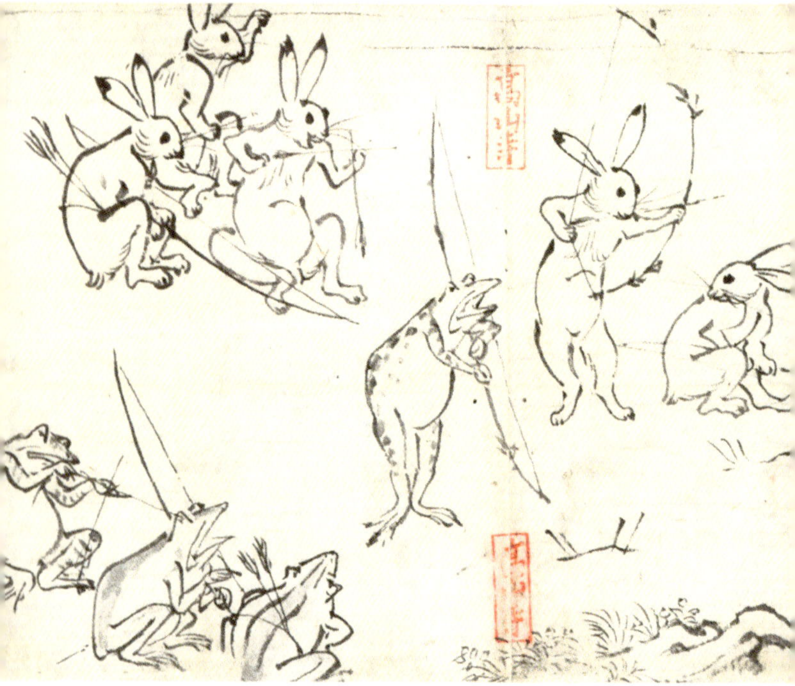

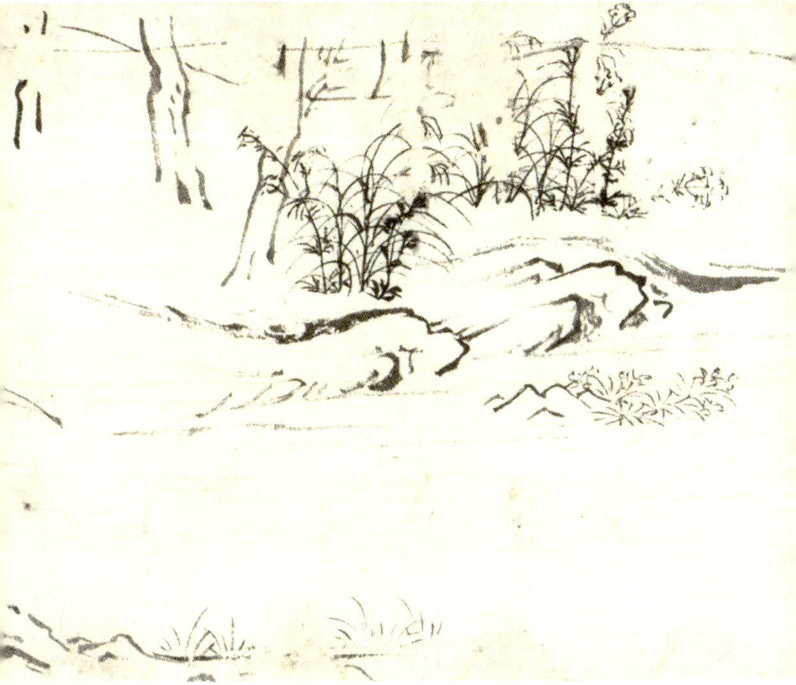

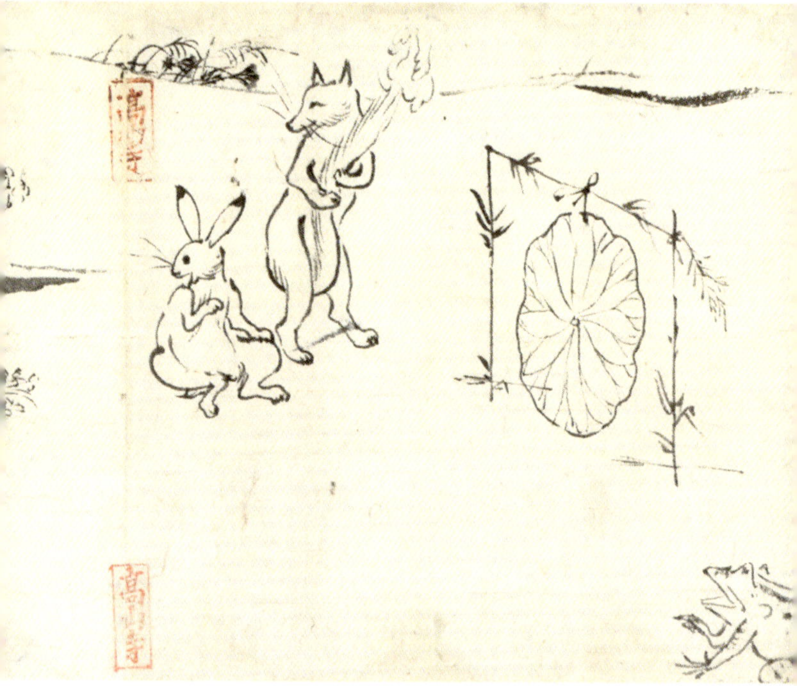

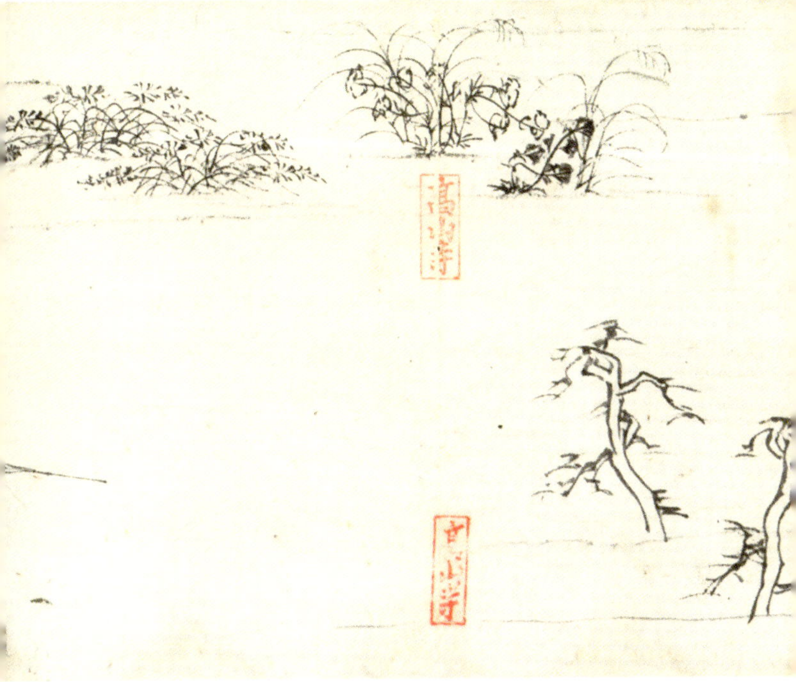

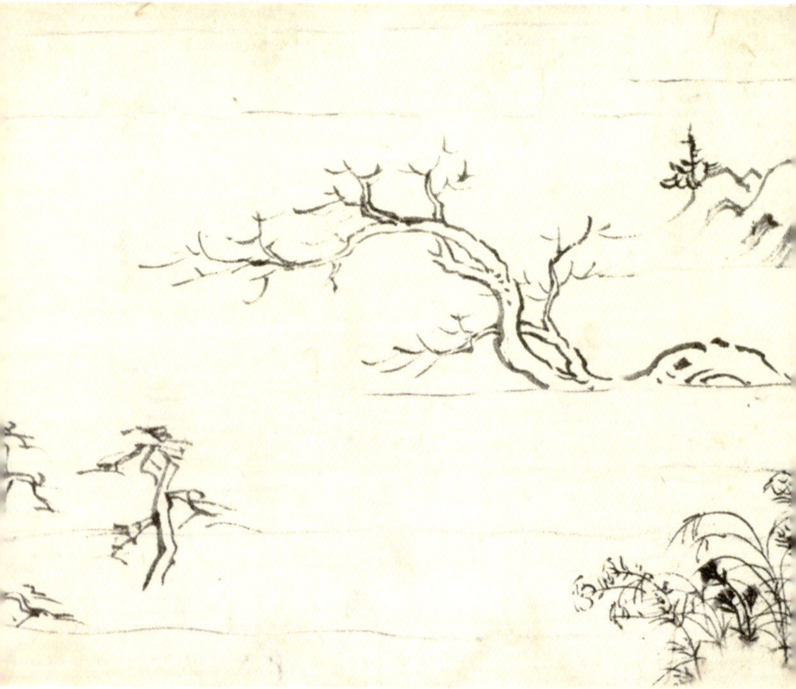

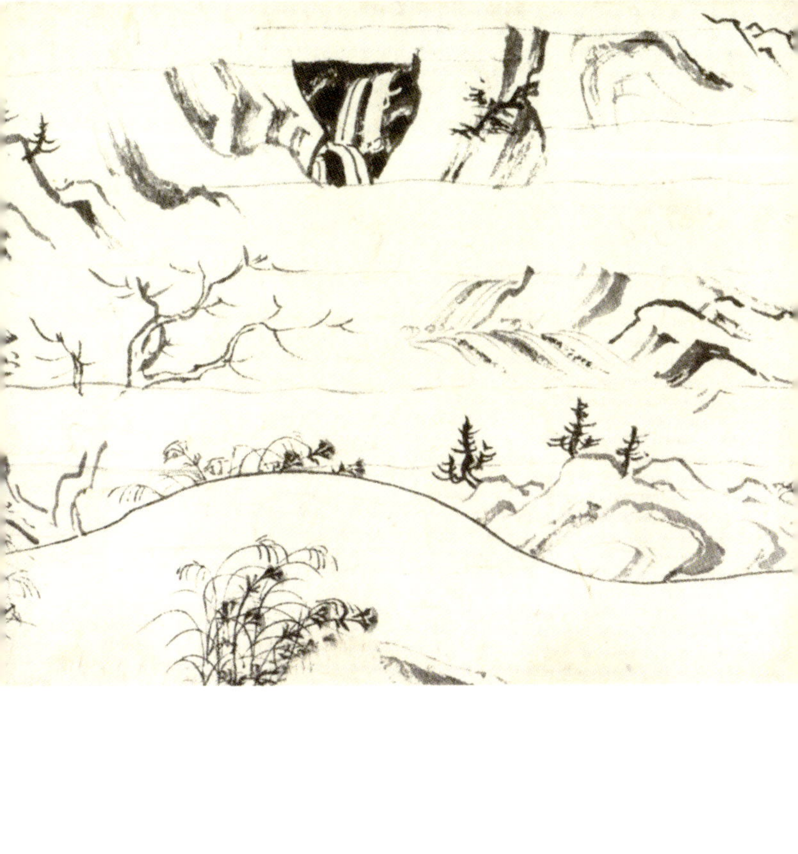

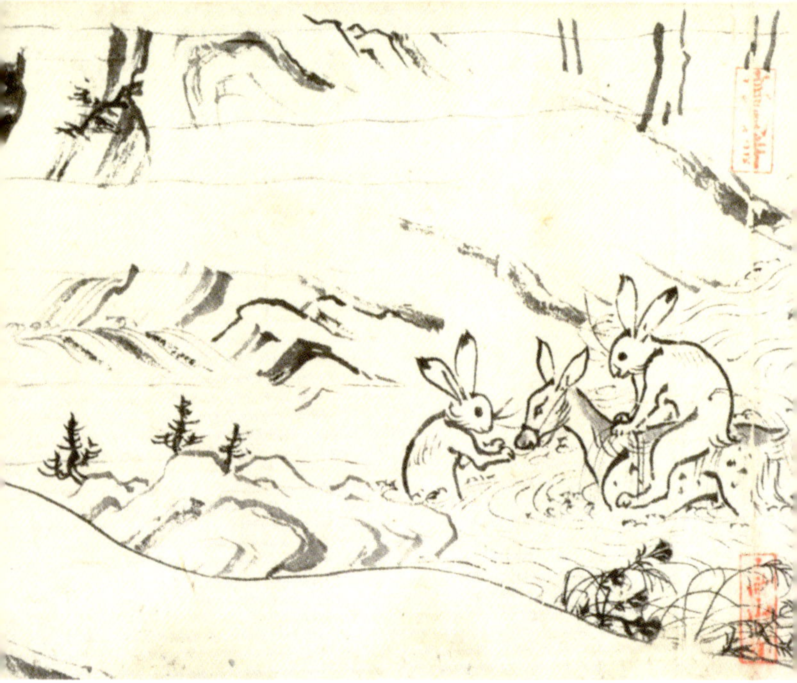

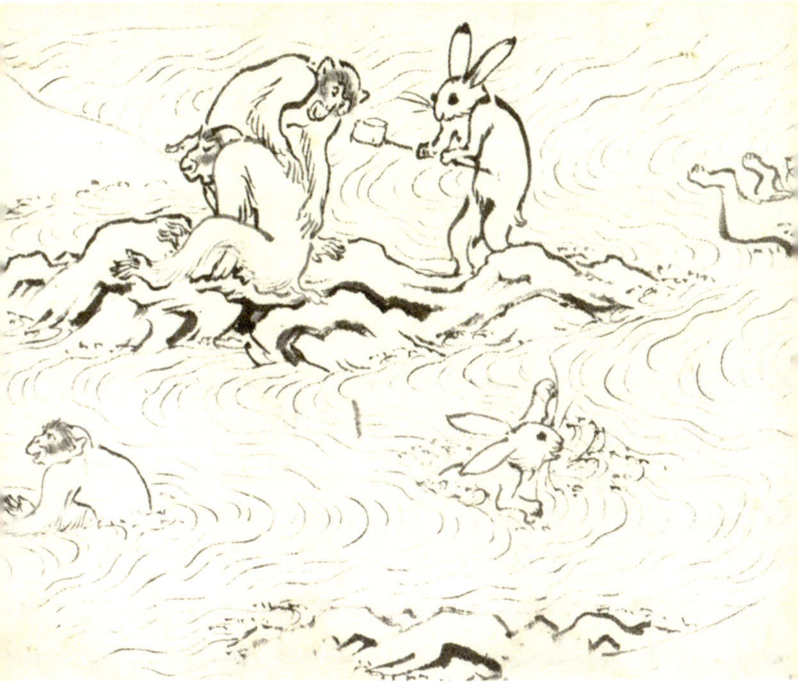

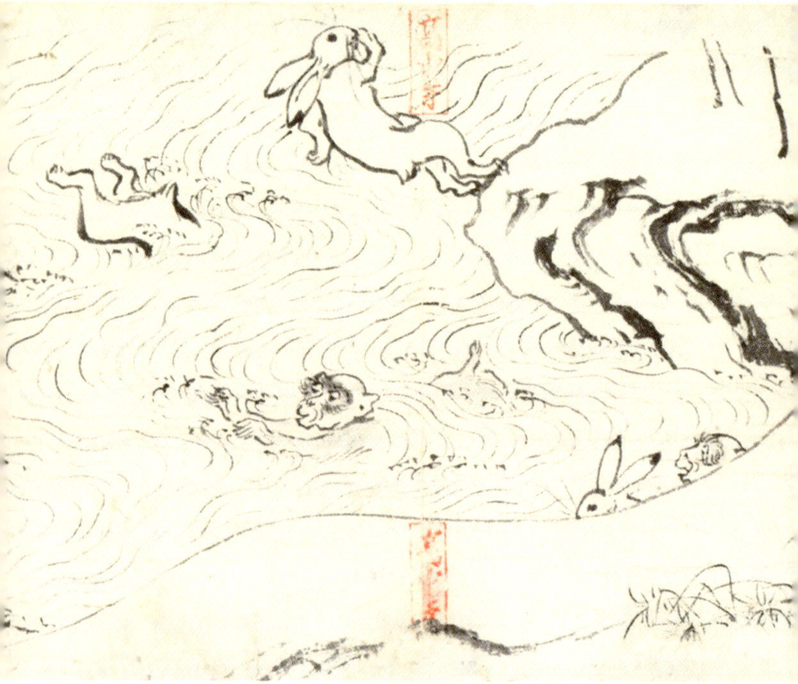

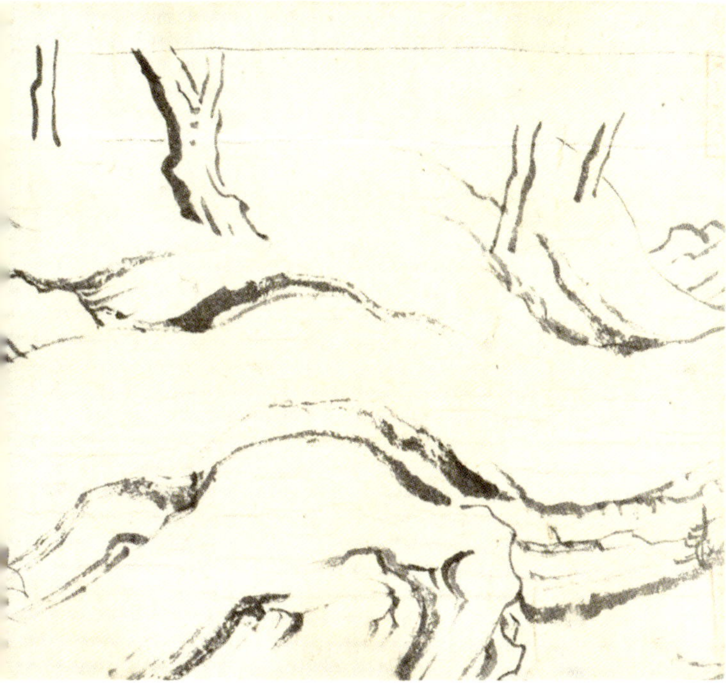

Gestaltung: Regine Kaiser
Lithographie: Bayermedia, München
Druck und Bindung: GPS, Ljubljana

ISBN 978-3-8296-0892-3

Eine Schirmer/Mosel Produktion
www.schirmer-mosel.com

Weitere Bücher von Cees Nooteboom bei Schirmer/Mosel

Karl Blossfeldt und das Auge Allahs
80 Seiten, 26 Abbildungen in Duotone

Tumbas
Gräber von Dichtern und Denkern
Mit Photographien von Simone Sassen
328 Seiten, 115 Abbildungen in Duotone

Saigoku
Auf Japans Pilgerweg der 33 Tempel
Mit Photographien von Simone Sassen
200 Seiten, 159 Abbildungen in Farbe

außerdem

Simone Sassen
Ultima Thule
Eine Reise nach Spitzbergen
Mit einem Essay von Cees Nooteboom
128 Seiten, 101 Farbtafeln